日本近代図書館学叢書 1

図書館教育

田中敬――著

慧文社

「日本近代図書館学叢書」の刊行にあたって

インターネットの普及によって情報の発信・入手が容易になり、ネットワーク化が加速度的に進んでゆく現代。このような時代の中、図書館はどこへ向かえばいいのか。知の集積かつ共有の場としての図書館の専門性とは何か。

日本図書館協会が「日本文庫協会」として設立されてから一二五年、『図書館雑誌』の創刊から一〇〇年である二〇一七年を迎えるにあたって、日本の近代図書館の創成期や発展期を担った先人たちの名著を繙くことは、図書館の「いま」と「これから」を見据えるために必須の作業であることは疑いを容れない。

本叢書がこれからの図書館の発展に寄与することを願ってやまない。

慧文社編集部

改訂版刊行にあたって

一、本書は一九一八年に発行された田中敬・著『図書館教育』（同文館）を底本として、編集・改訂を加えたものである。

一、原本における明らかな誤植、不統一等は、これを改めた。

一、原本の趣を極力尊重しながらも、現代の読者の便を図って以下の原則に従って現代通行のものに改めた。

i 「旧字・旧仮名」は原則として「新字・新仮名」に改めた。（例…畫→画、いふ→いう、等）。また、原文の旧仮名のルビは片仮名のもの及び一部の平仮名のものを除き新仮名に改めた。

ii 踊り字は「々」のみを使用し、他のものは使用しない表記に改めた。

iii 引用の送り仮名や句読点は、読みやすさを考えて適宜取捨した。

iv 難読と思われる語句や、副詞・接続詞等の漢字表記は、ルビを付すか、一部かな表記に改めた。

v 外来語、国名、人名など一部の語句を、現代の一般的な表記に改めた。

慧文社

序

図書館を図書収蔵の倉庫なりとしたるは、鎖国時代に適応せる旧思想に属し、今またその痕を覓《もと》むるに難し。これを文籍収蔵の場なりとし、また併せて知識研磨の自修室たりとしたるは、やや進歩したる海外文物の摸倣《もほう》時代に行われし思想なるも、これまた日に新たにして、また日に新なる人文開展の隊列より落伍し、今は進運の背後に遺留せらる。

独り図書館に対する観念のみならず、博物館、美術館に対する観念に於いても、また往々にして旧思想の惰力を擺脱《はいだつ》し得ざるの状、あたかも舟に刻して剣を索《もと》むるの観なきを得ず。

今は図書館を主題とす。故にその他はしばらくこれを措《お》くべし。各個人より言えば、単に智、情、意の修養を資《たす》くるのみならず、三者を調和したる、一種優良の人格を作り上ぐるの場は、普通の学校以外、図書館を以って、その最も有効なる機関と為す。国家より言えば、国家有用の材といい、公共有為の人というが如き、智、情、意の三者、渾然《こんぜん》として融和したる時代の選手を養成するは、またこれに待つの外なし。

人格といい、選手というも、その中心の枢軸は、真に徳性と品性とに在り。図書館は、即ちこの両者を涵養陶《かんようとう》冶《ち》するの自習室たり。普通の学校に於いて、居然靴を隔《へだ》て痒《かゆ》きを掻《か》くの感なきを得ざる、この種の教育に資する所、むしろ図書館の使命に属す。

故に図書館は、徳性品性の源泉なりとの定義は、最高度にしてまた最大度の大用を発揮せしむべき、日就月《にっしゅうげつ》将《しょう》の人文展進時代に適当するものたるべし。但《ただ》それ、この如き見地に基づきて、一切の施設を整え、百般の処理を完うするに至らざるは、昭代の為、殊に遺憾《いかん》に堪えず。

既にこの如き定義を下す。随《したが》って図書館の閲覧者も、館員も、均しく徳性の涵養、品性の陶冶を以って眼目と為し、その中に充ちたる高雅清朗なる氛囲気を養護して、躁浮厖雑なる世態時俗の間に対し、常に觱沸《ひっふつ》たるこの源泉より、混々不断の清水を供給せんことは、殊に切望に勝えざる所なり。

生平の持論よりすれば、国防は婦人に在りと為す。方今大塊《ほうこんたいかい》の上、いやしくも国を成す者、いずれか挙国皆兵の主義を実現する者にあらざる。交戦列国の民衆、一人として戦闘員にあらざるなし。往時援護事業と称せられたる後援後続の各種任務も、今は戦闘線上との関係、甚しく密迩《みつじ》し来り、国民労役《ナショナールサーヴィス》の一語は、直に挙国交戦の実あるを示し、国力補充の間断なき努力は、優雅にして粘着力に富める婦人に在り、一国の興廃、真に繋がりて婦人の力に存することを昭にせり。随って図書館の如き単に男子の資用すべきものたるのみならず、また併せて婦人の活用に供せらるべきものとす。男女共に徳性品性の素地を固うす。これに於いてか智工、技術、才幹、能力の如き、いよいよ磨きていよいよその光を増さん。然る後挙国皆兵、国民労役の能率、始めて十分に発揮せらるべし。

東北大学の図書館に勤務せらるる田中敬君は、近著『図書館教育』と題する一書を著わされ、まさに刊行して世に問われんとし、遥に序を徴せらる。不肖微力を図書館事業に致すこと年あり。君がこの著あるを聞き、あたかも空谷《くうこく》の跫音《きょうおん》を聞くが如し。すなわち図書館に対する不肖の懐抱《かいほう》を抒《の》べ、敢えて是正を待つ。蕪雑粗笨《ぶざつそほん》の讕言《らんげん》を陳ねて、巻頭の冕位《べんい》を汚したるは、罪洵《まこと》に逭《のが》るる所を知らず。

旹《とき》

大正七年三月

徳川頼倫識

序

世人は学校が教育上重要の機関たるを知るも、図書館が同じく教育の大切な機関たることを覚るに至らない。されば学校は大学、専門学校より中等初等の学校に至るまで、各種各程度のものが全国至る所に設けられて居る。図書館の普及は学校のそれに及ばざること遠きものがある。しかし近年各府県に於ける図書館増設の率はかなり大なるもので、人意を強くすることが出来る。洵に喜ぶべき現象である。

我日本人は学校にある間は随分勉強するけれども、一度学校を卒《お》わると書物とは縁遠くなってしまう。もしこんな風が向後も長く続くならば、到底欧米諸国と競争して優越の地位を占めることが出来ない。学校は早く卒業しても、書物には死ぬまで親しんで居らねばならぬ。これが為には図書館が到る所に設けられて、読まんと欲する書物を容易に見出すことの出来るようにならねばならぬ。

図書館が社会教育の有力なる機関たるは爰《ここ》に説く要もなかろうが、図書館が学校教育そのものの補助、協力の機関として欠くべからざるものなることに、世人特に教育者の注意を喚起したい。学校は図書館の利用を盛んにしなければならぬ。学校教育の目的はその卒業生が他日社会に出た後に、必要に応じ自由自在に図書を利用し得る力を養成した時に完全に達せられたと云ってよい。実に学校教育を卒《おわ》った者が書物を好む習慣と、これを理解する力とを得たならばその以上に一も不足はない。然るに今日の教育は学校で教ゆる所を理解しこれを記憶することを主としてその他に及ばない。この如くなれば如何に先生がよくとも、限りある年限、時間で教授したことは知れたもので、洵に貧弱たるを免れない。学校教育はその生徒に図書館を遺憾なく利用する力をつけることに主力を集中すべきである。かくて学校教育の効果は一生を通して尽くる所がない。自分はこの点に注意せんことを世の教育者に向かって切に希望する。

本書は種々の意味に於いて社会殊に教育社会に推奨すべきものであると思う。且つ本書は著者が最も興味を感ずる問題につき真面目なる研究の結果なるを以って、近時稀《まれ》に見る真摯な著述として歓迎すべきものである。

大正七年三月

澤柳政太郎

自序

本書題して『図書館教育』という。蓋《けだ》し古風の少書法より多書法へ移行しつつある現代教育界の大勢に鑑み、学校教育ならびに社会教育の両方面に亘《わた》りて重要なる使命を有する図書館の教育的機能を闡明《せんめい》せんとするを以ってなり。

図書館は従来一部の人士に誤信せられたるが如く、単なる図書貯蔵所にあらず、また低級なる通俗教育機関たるのみにもあらず、実に学校と相俟《あいま》って教育の大目的を実現すべき重要なる一機関たり。然り而して図書館事業の発展は図書館従業員の努力に俟つ所大なるべきは多言を要せずして明らかなりといえども、然れども事学校教育と密接なる関係を有するが故に、更に広く教育家諸君の斯業《しぎょう》に対する領会《りょうかい》と協賛とを得るにあらずんばその機能を十分に発揮すること能わず。これ著者が本書起草に際し終始念頭に置きたる所、敢えて教育家諸君の一読を切望する所以なり。

図書館の教育的機能を善く発揮し、図書館の声価《せいか》を高めんが為には、教育学者ならびに教育実際家の協賛を得る必要あること、前述の如しといえども、これが為には図書館従業員もまた大いに奮起する所なかるべからず。啻に館内事務の整理、書史学の研鑽のみを以って事足れりとせず、更に教育界の事情に通ぜんことを期せざるべからず。図書館員の教育学的素養に乏しかりしが為に事業の発展に尠《すくな》からざる支障を来たしたる事例は英米図書館発達史上に明らかなる所。殷鑑《いんかん》近きにあり。著者は吾が敬愛する同僚諸君の更に一層汎《あまね》く深くこの方面に心を注ぎ、教育家諸氏と相提携して図書館の発達を図り、以て社会の進歩に貢献する所あらんことを希望して已《や》まず。

本書中教育学に関する記述の尠からざるは、新進の館員諸君を教育学の研究に導かんとする微意に外ならざるなり。

いささか本書著作の動機を巻頭に記して序と為す。

大正七年四月一日

田中敬識す

例　言

一　篇を分つこと四、第一篇に於いて図書館教育の意義を論じ、第二篇に於いては学校教育と図書館との関係、第三篇に於いては社会教育と図書館との関係を詳説し、第四篇に於いてこれを統括して教育機関としての図書館の任務を明らかにし、その教育的効果を論定す。されば著者の主張は総論および統括の二篇に於いて最もよく表わるべく、第二、第三の両篇はこれが例解とも見るべきものなり。著者は読者がこの心して本書に対せられんことを望む。

二　著者を鞭達《べんたつ》して本書を成さしめ、特に再度まで原稿を校閲して多くの助言と暗示とを与えられたる恩師文学博士澤柳《さわやなぎ》政《まさ》太《た》郎《ろう》先生、同じく本書原稿の一読を賜いて懇篤《こんとく》なる序文を寄せられたる侯爵徳川頼倫《とくがわよりみち》閣下、並びに公刊に当たり寛宏《かんこう》の認容と多大の便宜とを与えられたる東北帝国大学附属図書館長理学博士林鶴一《つるいち》先生に対し、著者は深厚の謝意を表す。

三　本書の起草に際し参考したる文籍その数尠からず、大抵は各項目の終に記して出処を明らかにし一面更に深く研究せんとする人の手引たらんことを期せしが、なかんずく得る所の特に多かりし書名をここに掲げて、感謝の意を表す。

Bostwick, A. E. The American public library. N. Y., 1910.
— The making of an American's library. Boston, 1915.
Brown, J. D. Manual of library economy. London, 1907.

— Library classification and cataloguing. London, 1912.

Clark, J. W. The care of books. Cambridge, 1909.

Dana, J. C. A library primer. Chicago, 1913.

Eliot,. Ch. W. University administration. Bost. and N. Y., 1908.

Lange, K. Der Bibliothecar. Stuttgart, 1911.

Macfarlane, J. Library administration. London, 1898.

Powell, S. H. The children's library, a dynamic factor in education. 1917.

Rae, W. S. C. Public library administration. London, 1913.

Slosson, E. E. Great American universities. N. Y., 1910.

Stewart, J. D. and others. Open access libraries. London. 1915.

The library journal. (New York)

The library world. (London)

The librarian. (London)

The educational review. (Easton and N. Y.)

United States Bureau of Education, Bulletin.

United States Commiissioner of Education. Reports.

図書館雑誌（日本図書館協会発行）

目次

第一編　総論

第二編　学校教育の成全要素としての図書館

第一編　総論

第一章　教育と図書館

第一節　教育上の新思潮と図書館

近来世に伝えられる教育上の新思潮は甚《はなは》だ多い。社会的教育学に対して新個人主義教育説あり。前者の中にも広く文化の維持発達に基礎を置く所のいわゆる文化教育を主張するもの、その範囲を国民的生活に限ろうとするいわゆる公民教育を力説するものあり。また人格的教育学者あり、極端なる自由教育論者がある。同じく児童の自由活動を尊重し、自学自修を教授の根本原則とせよと主張するが中にも、幼稚園や小学校を全廃して家庭を以ってこれに代えんとするあり、現在の学校には極力反対しつつも、また自ら「児童の家」を経営して一種の学校教育を施して居るのがある。あるいは感情に重きを置いて美的教育を主張し、あるいは意志を重じて勤労学校の効果を盛んに吹聴する。論理的理解を重要視するものは攻究的教授法を主張し、美感を重んじ創作を貴ぶものは芸術的教授を力説する。教段の研究に熱中するものあれば、一方には方法の過重を除かんとするあり、学級の編制に腐心するものあれば、他方には学級教授の打破を叫ぶものあり、低能児教育の必要を論ずるものあれば、これに対して英才教育を説くものがある。曰く実験教育学、曰く職業教育、曰く通俗教育、曰く補習教育、曰く務教育年限の延長、曰く学修年限の短縮、曰く学制改革問題挙げ来らば、これに数頁を費すともなお足りないであろう。これら雑多の思潮に対し教育学者は如何なる態度を取ろうとするか。実地教育者はその中のいずれを取って自己の主義となすべきか。常に新しきをのみ喜んでこれに就こうとすれば、朝迎暮送《ちょうげいぼそう》まさに応接に遑《いとま》がないであろう。悉《ことごと》くこれを包容せんとするか、徒らに拡げたる大風呂敷は錯雑紛糾《さくざつふんきゅう》、学説としては何らの権威なく、これを実地に施しては支離滅裂竟《つい》に人の子を賊《そこな》うに終わるであろう。この時に当たり、これら総べての問題を解決するに足るべき一貫の原理と成り得るものがあるならば、これを採《と》るに吝《りん》なるべからざるは多言を費すまでもない。もしまた一貫の原理たり得ないとしても、これら総ての問題に触れて居るものがあるならば、これに一瞥《いちべつ》を与うるは教育に従事する者の当に為すべきことではあるまいか。私がここで教育機関としての図書館の職能に就いて少しく研究して見たいと思うのは即ちこれが為めである。斯く言えばとて、私は敢えて図書館教育を以って総ての教育問題を解決するに足るものとするのでない。また教育事実の総てに触れて居るものとするのでもない。しかしながら図書館の職能を充分に発揮し得るならば、教育事実の総てとは言い得ないにしても、少なくともその殆《ほと》んど大部分に関係するに至るであろうと信ずるのである。

第二節　図書館教育の意義

一　教育の意義

人は万物の霊長なりというのはそもそも何に因るのであるか。我らは他の動物に見るが如く幾代も幾代も祖先が為したると同じことを同じ形式で繰り返すという単なる本能的生活に満足せず、我ら人類に於いて最も善く発達したる理性の力により、前代の人の経験を基礎としてその上に新しき理想を構成し、これを実現せんとして奮励し努力する。斯くして得たる経験の結果は、あるいは行動により、あるいは言語により、更に進みては文字の助けによりて広く社会に流布せられ、永く後世に伝達せられ、逓次《ていじ》進展して已《や》む時なく、社会の文化はますます高まり、個人の幸福はいよいよ増大する。人類が他の動物と異なる所はここにあるのである。

然るに人は生まれながらにして社会の文化を有するものではなく、また人に具《そな》わる本能の力を以ってしてもこれだけでは一代の文化を充分に習得するには足らない。これに於いてか社会の先覚者は後進者を扶掖《ふえき》してこれに社会共有の精神的財産たる文化を伝達し、由って以って社会の共同生活に参与し得る資格を作り、更に社会文化の発達に寄与せしむべく導かねばならぬ。ここに教育の必要が起こるのである。

されば教育はこれを個人の方面から見れば自己人格の発展であり、これを社会の方面から見れば社会文化の発展である。その重きを置く点の如何によりて、あるいは社会的教育学を主張するものと個人的教育学を力説するものとの区別を生ずるが、それは畢竟《ひっきょう》見方の如何に依るので、社会と個人との関係を正当に領会するならば両者はその実質に於いて殆んど相一致すべきものである。個人が自己人格の発展を望まばその根本条件として社会の文化を領会しこれに同化することを要し、社会が自ら発達を冀《こいねが》えば、まず予件として当時の文化をその成員たる個人に伝達し、個人人格の完成を期図せねばならぬ。

されば個人人格の発展に影響する所の諸般の感化は或る意味からいえば悉くこれを教育と称することができる。広義の教育は即ちこの立脚地から見て然《し》かいうので、教育の主体、即ち感化力の出ずる本源の力で対手に一定の感化を与えることを意識的に目的として居ようと居ないとそれには何ら関する所なく、唯客体、即ち感化を受ける方のものが人であって、それが人格の上に何らかの影響を受けるならば、即ちここに教育作用が行われて居ると見るのである。交際場裏に於いて不知不識の間に得来る所の感化、劇場、寄席、活動写真その他の興行物から受ける影響の如きは当然教育の内に数えられるので、更に推し拡めては自然物や自然現象から受ける影響の如きもまたこの内に入れようとするものもある。

ルソーの如きは即ちその一人で、彼が人の教育以外に物の教育ありとしたのは言うまでもなくこの自然物の感化を指すのである。世間では教育という語をこの意義に使うことがしばしばあるけれども、これはその範囲が広い為めに学問上の対象としてはその意義が空漠《くうばく》に失するというので、教育学者はこれに或る限定を加えて意義を明確にしようとする。感化は教育の根本要素であるが、それが無意識的に行わるるのでは未だ教育というに足らず、真に教育といわれんが為めには、その主体に於いて客体を向上せしめんとの目的を有し、これに相当する方案を具えて、永続的に行う所の意識的感化でなければならぬと主張する。

主体が目的を定めて行う感化にもその客体の範囲の広狭《こうきょう》に従って自ら二様の別がある。その一は社会公衆の改善向上を目的とするので、その客体が人である限り年齢、階級、人数などに何らの制限を置かない。社会教育とか通俗教育とかいうのは分類上これに属するのである。その二は客体に一定の制限を置くもので、いわゆる学校教育であり、これを本来の教育または正確なる意義に於ける教育と呼ぶのを常とする。故に多くの教育学者は教育を定義して「教育とは成熟せる人が未成熟の人に対し、一定の目的を定め方案を具えて永続的に行う意識的感化なり」という風に言い表わして居る。

意義の明確を欲し、研究上に於ける取り扱いの便利を望む時には、最後の意義に於ける教育のみを取って学術研究上の対象とするに如《し》くはない。故に教育学者の中には学校教育のみを以って科学的教育学の対象とすべしと明言して、その他一切の教育事実を教育学の範囲外に置こうとして居る学者もあり、あるいはしかく明言しないにしても、事実上学校教育のみしか取り扱って居ない教育学者も甚だ多い。然るに教育の効果を実際に挙げようとするには学校教育だけでは十分にその目的を達し得ないことは教育実際家の斉《ひと》しく認むる所で、上述の如き立場にある教育学者といえども、これを不問に附する訳には行かないのである。蓋し人は現象に支配さるることの多いもので、特に感受性の強い児童期に於いて甚しいのであるが、特殊の学校を除く以外の殆んど総ての学校に見るが如く、通学する生徒は学校に居る間は僅々《きんきん》数時間で、一日の大部分は家庭で暮らすのであるから、その家庭の雰囲気が教育的であるか否かに依って教育の効果に非常な差異を来たすのである。もしも家庭が非教育的気分に満ちて居るならば教師の折角の苦心も半ば以上その効果を失うに至るであろう。一日温めて十日これを冷やしたならば如何してその効果が見られようか。児童はまた直接社会公衆の言行を見聞し、あるいは間接に家庭を通じて社会の感化を受けることが多大であるから、社会に美風良俗の存すると否とは直ちに教育の効果を左右することになる。「里《ハ》仁《ヨ》為《ス》レ美《ト》」（論語）の語は二千年後の今日なおその価値を失わない。されば教育の実績を挙げんが為めには単に学校内に於ける教授の方法や訓練の手段などの研究のみを以って足れりとせず、更に範囲を拡めて児童の環象を教育的に改造することに眼を注がなければなるまい。これまで家庭や社会で秩序なく偶然的に行われて来た所の感化作用に就いて一層その方法を研究して具案的のものとし、一時的、断片的であったものを改良して組織的のものとし、学校教育と相俟って一定の目的を達するを得しめたならば、教育の効果は一層確実に収められるに相違ない。家庭教育や社会教育を漸次《ぜんじ》改良し整頓して、学校教育との連絡を一層密接にし、三者同一の原理に基づき首尾一貫した所の教育系統を作るのは戦後教育者の特に意を用うべき所であろうと思う。

二　図書館教育の意義

前節に於いて、やや繁に過ぐるの嫌いがあるとは思いながら、教育の意義を論じたのは、要するに図書館教育の意義を明瞭にせんが為めであった。而して今やその説明を試みるべき時に達したのである。図書館が教育上の一機関であるというに就いては、如何なる意義に於いて然かいい得らるるのであるか。換言せば図書館の教育は前述教育の諸意義のいずれの場合に相当するのであるか。

大正二年の夏大阪市で開かれた図書館大会に於いて、時の京都帝国大学総長澤柳博士は「図書館の教育的任務に就いて」という題で講演せられ、図書館が教育機関であるとしたならば即ち教育を施すのであるから、施すものと受けるもの、換言せば教育の主体と客体とが具わらねばならぬ、而してその主体は館長および司書であり、その客体は学生以下の社会公衆であるべきであろうと論じ、この立場から図書館員の努むべき点を詳説せられた。図書館教育の意義を教育学上から論究したのは我が国では恐らく博士がその第一人者であろうと思う。図書館のことを真面目に考えるものは是非ともここまで来なければならぬのであるが、しかも爾来五年未だ曾て一人のこれに対する賛否如何を発表したのを聞かぬ。あるいはこれらの問題は深く論究するの価値なしと考えて居るのであろうか。著者私《ひそ》かに思うに、これは図書館の発達上極めて重要なことで、図書館事業に従事する者が図書館教育の主体がどこにあるか、その任務が何であるかを明らかにするは職務に対する当然の義務であり、これを明らかにすると否とは直ちに図書館の盛衰に影響するのである。従業員がその職務に関する十分の領会を有せずして如何《どう》してその事業の真の発達が望まれようか。私がここにこれを考えて見たいと思うのは即ちこれが為めである。

一、主体論　図書館教育の主体は博士の説の通り図書館員即ち館長並びに司書である。学校教育の主体が校長並びに教師であるというは何人も怪しまない所であるが、図書館教育の主体が館員であるといえば、今の所これに疑議を挟む人が必ずしも少なくはあるまいと思う。図書館員の中にすら自己並びに同僚を図書の番人視して居る者がある。況んや図書館員ならざる人に、この見解の多き何の不思議があろう。この種の考えけ図書を以って主体と見ようとするのである。書物はその起源を尋ぬれば著者が意識的に書いたものであるけれども、既に書物と成った以上は書物それ自身で目的を意識しては居らぬ。書物が感化を与えることは著明な事実であるが、その感化の出ずる本源がこれを意識して居ない時には、前述の最広義に於いてのみ教育と言われるので、真の教育とは言われない。ルソーが物の教育といったのを多くの教育学者が非難して教育の語の濫用なりとし、真の教育は彼のいわゆる人の教育に限らなければならぬと論ずるのはこれが為めである。

学校の実験室には多くの器具、機械、標本の類があるが、これを以って教育の主体と考えるものは一人もなく、これらを利用して以って実験を指導する教師を主体と見るのが普通である。図書館に於いてもその通りで、図書は機械、標本などに比すべく、館員は指導教師に擬すべきである。現代式活用図書館を古風の倉庫式図書館と区別する為めに近来文籍実験室（Literary Laboratory）あるいは単に実験室（Laboratory）と呼ぶことが流行するに至ったのはこの意義の徹底を望むからである。館長並びに司書は学校教師の為すが如くまずその目的を明らかにし、これを達するに適当なる図書を選択し、これを善く利用し得るよう読者を指導して行かねばならぬ。斯くて館員が図書館教育の主体となり、館員が主体たることに依って図書館が真正の教育機関たり得るのである。

二、客体論　主体が目的を定め意識的に行う教育にも二通りの別があり、而してその区別は客体の範囲に依って定まることを前に述べて置いた。然らば図書館教育の客体は何であろうか。普通に図書館は社会教育の機関であると謂われて居る。即ち社会全体の進歩向上を目的として居り、その客体に制限を置かぬことを意味して居る。

然るにこの種の教育を真の教育以外に置こうとする論者が少なくない。ヘルバルト派の教育学者チラー（Ziller）は曰う「教育的動作は個人に始まりて個人に終わる、社会の完成の如きは教育者の与る所にあらず」と。氏は個人的教育学の立場にあるのであるから斯くいうのも無理はないが、社会的教育学の首唱者を以って目せられるシュラエルマッハー（Schleiermacher）でさえ「一個人が他の個人を薫陶《くんとう》し公民として独立し得るようその発達を指導するを教育と謂う」と定義して居る。社会的教育学の流行する現代に於いても、教育学といえば大抵は学校教育学であり、社会教育を取り扱うことを好まない風がある。これは教育学に科学としての体系を具えしめんが為めにその範囲を限定する必要に迫られたのであろう。

範囲の拡張に随い取り扱いは困難になり、一貫の原理で説明しようとするに不便であることは免がれない。しかしながら学校教育を有効にせんには社会教育に注意を払う必要がある。これは既に前に一言した所であるが、単に学校教育の補助というだけではなく、更に社会教育その物の必要なる所以を弁じて置きたいと思う。社会と個人との相依関係は今更これを述べる必要もないが、社会の文化は駸々乎《しんしんこ》として一日もその進歩を停止しない。去年の新式機械も今年はたちまち旧型となり、昨日までは単なる臆説《おくせつ》に過ぎなかったことも今日は確実な真理として証明せられる世の中である。いやしくも生をこの世に享《う》けた以上出来る限り当代の文化を領会しようとするが各個人の希望であり、またそれが社会に取って必要なことであるが、遺憾ながら国民の大部分は数年の義務教育を了えただけで学校を去らねばならず、更に高等の学校に入学し得る少数幸運者にした所で学校教育には一定の限度がある。卒業後適当な機関に依って断えず補充されることが無ければ、数年にして時代遅れの人となってしまう。

単に知育に就いてのみ言うのではなく徳育に於いては更に甚しいものがある。社会教育の普及発達を企図するのは識者の義務であり、またその教育は確かに可能である。「善教民《ハ》愛《シ》レ之《ヲ》」（孟子）且つ「得《ル》二民《ノ》心《ヲ》一」ものであるから「善人教《フル》レ民《ヲ》七年亦可《シ》二以《テ》即《ク》一戎《ニ》矣」（論語）といい、「不《シテ》レ教《ヘ》レ民《ヲ》而用《フ》レ之《ヲ》謂《フ》二之《ヲ》殃《スト》一民《ヲ》」（孟子）といってある。数次の戦敗の後を承け、国歩艱難民力疲弊の極に達したデンマークでは民衆教育の必要を覚りて国民高等学校《フォルクスホホシューレ》を創《はじ》めたが、その成績はすこぶる良好であり、今は本国だけではなく北欧一般に普及し、「更に米国にも及ばんとして居る。また英米に行われて居る大学普及事業の如き着々その効を収めて居る。蓋し社会教育の必要は今に始まったことではなく、夙《はや》くから認められて居ったのであるが、教育機関の完備しない時代に於いては先以って学校教育の振興を図る必要があった。然るに今や学校の方はほぼ整うたのであるから、今後は従来等閑に附せられて居った社会教育機関の勃興すべき時代となるのである。図書館が教育機関として重要なる位置を占めるに至るのも程遠くはあるまいと思う。

三、客体の範囲　次に考うべきは客体の範囲である。図書館教育の客体を学校生徒以外の社会公衆に限ることにし、学校教育と図書館教育とを峻別《しゅんべつ》して、図書館の方は純然たる社会教育機関とした方が善いか、それとも学校生徒をも包含せしめた方が良いか。図書館が社会教育機関である以上学校生徒を除外し学生以外の公衆のみを客体とすべきであろうとは確かに一つの見方である。公共図書館の最後の目的は社会公衆に読書趣味を鼓吹し、その図書利用率を高め、依って以って社会文化の進歩発達を促進せんとするにある。しかしながらこの究竟目的に達する為めに学校教育と全然手を切るということは、果たして図書館に取って利益をもたらすであろうか。これは大いに攻究を要する問題であろうと思う。而してこの問題に就いては二つの方面から考察する必要がある。第一、図書館は学校と離れてその所期の目的を達し得るか、第二、学校は図書館なくしてその教育を完成し得べきか。

第一、公共図書館の本来の目的は社会公衆の為めに読み物を供給してその向上を図るにあること多言を要しないが、学生の登館を制止し、学生外の人士の為めに空席を設けてその登館を待つということに依って、一般の図書利用率を高め得るであろうか。由来本邦人には図書館を利用する者が少ない。これは図書館の価値が未だ一般に知れ渡って居ないこと、図書館に於ける借覧《しゃくらん》手続の面倒なことなどに基づくことも多かろうと思われるから、公共図書館員はこれらの障害を除去することに努めなければならぬが、その原因中最大なるものは読書習慣の闕如《けつじょ》であろうと思う。そもそも吾々日常の行動の大部分が習慣性のものであることは実に著明な事実で、必ずしも心理学的に説明をしなくとも、また一々の事例を指示しなくとも、各自一日の行動を反省したならば何人でも首肯《しゅこう》せざるを得ないであろう。「習性と成る」といい、「習うより慣れよ」というは昔から伝えられた諺で、「人は習慣の束である」と近世心理学界の泰斗《たいと》ジェイムズは言って居る。而して習慣の養成は可型性に富める学校時代に於いて最も有効に行われることも今更呶々《どうどう》するを要しない。この時代からして良書に親しみ、参考書から利益を得てこれを活用することに慣れさせて置いたなら、卒業後社会の人と成るに及んで図書館をよく利用するに至るであろう。英米に於ける近世的公共図書館が最近三十年来競うて児童向けの事業に熱中し、児童室を以って公共図書館の一特徴《フエーチヤー》たらしむるに至り、更に学校と協同して在学生に図書館利用法を周知せしめ、読書趣味の向上を図ろうとするに至ったのは全くこれが為めに外ならぬ。

第二、学校と図書館とは密接な関係を有って居る。両者いずれも書物を仲介として事業を行うという点に於いては一致して居る。学校との協同が公共図書館に取って利益であると同様に、公共図書館と連絡を保つことは学校側に於いてもまた有利である。教材に関係ある材料を必要に応じて図書館から供給されるということであるならば、学校側では経費の節減が出来、しかもその材料の豊富なることに依って生徒の領会を助けるならば教授の効果を益す訳になる。単に知育の上だけではない、読書趣味の喚起によりて俗悪なる娯楽物に近くのを防ぎ得るならば、情操教育の上に於いて、また訓育の上に於いて利する所があるといわねばならぬ。経済上の点からいうても、教育的見地から見ても、図書館との協同は学校の利益である。以上は公共図書館だけに就いて言うたのであるが、図書館には尚この外に学校図書館がある。殊に大学には必ず図事館があり、図書館なくては大学教育は不可能になる。これらの点は以下章節の進むに随って明瞭になることと思うから、ここではその詳説を避け、学校教育はその成全要素として図書館の必要を認めることを一言するに止めて置く。

斯くの如く公共図書館はその本来の目的を達する上に於いて、一面学校と提携する必要があり、これがまた学校側にも利益であるから、今や図書館は学校教育上必要なる一機関として認められんとして居り、随って図書館員は学校教育の目的並びに方法を研究し教師と歩調を揃える必要に迫られて居る。この方面に於いては客体に一定の制限があるのであるから、この方面から見たる図書館教育は前述の教育の諸意義中最後の厳密なる意義に於ける教育に当たってはまり、学校教育と同様に取り扱わるべきもの、否、従来の学校教育の範囲を拡張しその内に図書館教育の一面を包括すべきことになるのである。

三　図書館と教育学

従来の如く教育学研究の対象を学校教育にのみ限ろうとするのは偏狭に失したもので、今後の教育に於いては社会教育並びに家庭教育を学校教育と密接に連絡させ、三者に通ずる一貫の原理に基づきて教育の新系統を組織する必要あることは前に述べた。次に図書館の職能を論じて本来は社会教育の機関であり、更に学校教育の成全要素として今後の学校教育に闕《か》くべからざることを知った。然るに社会の公衆を一層高き文化に導くのは、やがて家庭の改良となるものである。社会の成員たる個人は同時に家庭の一員であるから、社会に於ける一個人の精神が啓発されて来れば必然的に家庭生活に影響を及ぼし、読書の趣味が発達して来ると家庭の空気が教育的に成って来るのは言うまでもない。然らば図書館はまた家庭教育の上にも重要なる関係を有するものと言わねばならぬ。

図書館教育の意義上述の如しとせば、図書館に関する研究は当然教育学に於いて取り扱わるべきものである。然るに従来の教育学者は殆んどこれに注意しなかった。これを我が国に於ける文籍に徴するも、教育学書の刊行必ずしも少なくはないが、図書館教育に論及してあるものは絶無と言ってもよい。一昨年公にされた乙竹岩造氏の『晩近《ばんきん》教育事実の進歩』に於いて、図書教育に一章を当たってあるのが恐らくその嚆矢《こうし》であろう。欧米の教育雑誌にはしばしば図書館の記事が現われて居るが、我が国に於いては教育雑誌に於いてさえ図書館の記事は殆んど見えて居ない。しかし今後はこの方面の研究が漸次盛んになり、教育学書に図書館の文字の多く現われる時期が遠からず来るであろうと思う。

第二章　図書館の意義およびその発達

第一節　図書館の意義

図書館というのは現代語で、古来我が国では文庫という語が汎く用いられて居った。英語ではLibrary《ライブラリー》というが、これはラテン語のLiber《リベル》（書籍）から出た語である。ドイツではBibliothek《ビブリオテーク》、フランスでもBibliothèque《ビブリオテーク》というが、これはギリシア語の*βιβλίον*《ビブリオン》（書籍）および*θήκη*《テキー》（場所）の二つから成った語で、既に語源が示す如く第一に書物の蔵置所を意味し、第二に書籍の集団《ザムルング》その物を意味する。（Unter einer Bibliothek versteht man zunächst den Ort, wo Bücher aufgehoben werden, dann auch die Sammlung der Bücher selbst――Lange.）但し集書《ザムルング》といっても官公署の記録を集めたものとは別であって、人類文明の伝達者、仲介者たるべき文籍《リテラツーレン》の集団を指すのである。図書館の原語ライブラリーもしくはビブリオテークが二義を有して居ることは次節に説く所でますます明白になることとおもう。我が国の文庫という語が書庫を意味すると同時に集書をも意味して居ったことは事々《ことごと》しく言うまでもないことであり、支那に於いても同様で、例えば四庫は本と蔵書を四種類に分類して納めて置く所であったのが、次第に転じて集書その物をも指すようになったことは王禹偁《おううしょう》の爛《シテ》レ目《ヲ》閲《ス》二四庫《ヲ》一の語によって知られる。しかしこの二つの意義は或る特別の場合を除くの外、大抵は互いに離れることの出来ないもので、集書があれば書庫の必要があり、建物があっても蔵書がなければ書庫ということができない。それで図書館という以上、必ず蒐集《しゅうしゅう》された書籍の保管されてあることを意味する。ところでその蒐集保管は何の為めにするのであるかというに、それは閲覧の為めである。言い換えれば集書の活用ということがその終局の目的である。保管と活用、この両者は実に図書館の特質であって、この点に於いて単なる図書貯蔵所とその選を異にして居る。然らばその活用は如何なる方法に依ればよいかというに、それには適当に組織された管理と館員の協力とに依って、文学上並びに科学上価値ある内外古今の文籍の集団を適当に分類し、目録し、排列し、且つ増補して、社会公衆に出来得る限り簡便なる方法で愉快に読書せしめんことを要する。斯くして初めて図書館はその任務を全うするのである。

第二節　図書館の発達

西洋　世界最古の図書館は恐らく古代アッシリアの王宮図書館であったろう。今から七十年前にサ《イ》ー・ヘンリー・レイヤードがアッシリアの旧都ニヌアの遺跡を訪ね、アスールバニパル王の宮趾を発掘して数万の瓦磚《タブレッツ》文書を発見し、ジョージ・スミスがその読み方を発明してから、これに依りて当時の文化を窺知《きち》することが出来た。アッシリアがバビロニアを滅ぼして建国の基礎を作ったのは紀元前十三世紀の頃であるが、その最も隆昌を極めたのは紀元前六七〇年にエジプトを併合してからのことで、アスールバニパル王はこの極盛のアッシリア帝国に君臨したのであるから、今から二千五百余年の昔既に一大図書館の存在したことが知れる。これに尋《つ》いで古代文化を総合してよくこれを大成し後世文明の淵叢《えんそう》となったギリシアに於いては相当の蔵書家もあり、中にはピシストラタスの如く自己の愛蔵書を公開すべく市に寄附したとさえ伝えられて居るが、その国体の然らしむる所、政治上大統一の中心がなかったと同じ様に文籍の大集団も行われなかった。アリストテレスはアレキサンダー大王の援助の下に諸般の文籍を集め、学術研究上多大の便宜を得たので、当時に於ける私有文庫の随一と認められるが、それさえ蔵書数は余り多くはなかった。唯氏が図書蒐集の必要を唱え、図書館の設備を学術的に論究したのは図書館の発達に好影響を及ぼしたものと言わねばならぬ。アレキサンドリア図書館の建設は即ち氏に負う所が多いのである。

アッシリア図書館が世界最古の図書館たる名誉を択ぶものとするならば、アレキサンドリア図書館は古代に於ける最大の図書館として特筆されねばならぬ。アレキサンドリアの建都は紀元前三三二年で大王の没後は埃及藩王家《プトレマイオス》の府城となった。プトレマイオス第一世ソーテールは好学の王であったので、アテナイ市の文明を城下に移さんことを企て、礼を厚うして学者を招聘すると同時に、アリストテレスの説に基づいて図書の蒐集を思立ち、一大図書館の建設を計画した。その子フィラデルフォスは父の遺志を紹《つ》いでこれを完成し、これに博物館をも附設して学者の研究、著作、討議、講演の機関とした。名は図書館であってもその実は古代に於ける唯一の高等教育機関即ち大学であったのである。アレキサンドリアが当時に於ける世界学術の中心として古代文化史上燦爛《さんらん》たる光輝を放って居るのは、この図書館が当時の世界の最高知識の聚積《しゅうせき》となった為めであった。現時の図書とは違い巻子本ではあったけれどもその蔵書数実に七十万巻の多きに上ったということであるから、その規模の大きさも想像される。紀元前四十七年シーザーの攻略に遭い、その大部分は兵火の為めに焼かれたが、クレオパトラは父祖累代苦心経営の結晶たる同図書館の滅亡を嘆き、その復興を哀願したので、アントニーは小アジアのベルガモン文庫の蔵書を移してクレオパトラに与え、残存の書巻と合わせて収蔵せしめた。

初代ローマには図書館というべき程のものなく、ギリシアの併呑によりて領土内に図書館を見るに至ったけれどもそれは掠奪品に過ぎない。紀元前一六七年勝利者パウルス・エミリウスがこれを本国に移したので、ここに初めてローマ市に図書館を見るに至った。ラテン文学の黄金時代に於いては書籍の増加著しきに随い、図書館も多く設立され、中には公開のものもあった。ネロの大火の後、平和宮中にヴェスパシアヌス帝（六九〜七九年）の設立した図書館は実にローマ文学の根源を成すもので、その後文学及教育に熱心なハドリアヌス帝（一一七〜一三八年）並びにその後の皇帝によりてこの図書館はアゼネウスと称し、法学、政治学、哲学など高等学術の研究機関となった。中世のいわゆる暗黒時代に入りては僧院図書館の興隆を見たが、読者の範囲には自ら制限があったにも拘《かかわ》らず、なおかつ蔵書の紛失を防ぐ為めに各の書物を鎖で書架に結び着けるのが普通で、十七世紀頃まではこの風習が存続した。中世紀の末葉から近世の初めにかけて国立図書館および大学図書館が発展して来たが、これらの図書館に於いても書物を鎖で繋ぐことは弘く行われて居った。

国立図書館の一例としてパリの国立図書館《ビブリオテークナショナル》に就いてその沿革を摘記して見よう。紀元七五一年に自立してフランク王となり、カロリンガ王朝を創めたピピンが写本を集め出したのがそもそもこの図書館の濫觴《らんしょう》をなして居る。これを承けたカール大帝は文教を以って民心統一の具としようとした程の教育熱心家であったから、文庫をも余程充実させた。爾来盛衰あり、シャルル五世の時大部多く集めたが、貴族の中に無断で借り出して返さぬものが多かったから余程散乱したし、後継者が趣味を有たなかったので一四二五年にはベッドフォード侯爵が買い取りて英国に分売してしまった。真に保存を図ったのはルイ十二世で、文籍は一人の有にあらず国の学者の為めなりとて公共文庫を作った。一五一五年フランシス一世が位に即くや直ちにイタリアに攻め入って敗北し、仏国は一時難儀したが、ミラノから持ち帰った集書で図書館は大いに充実したので爾後数回ヴェニスその他へ特使を派して典籍を捜索し、写字生を雇うて謄写させなどして持ち帰った。パリに移ったのはシャルル九世の頃で、ルイ十三世の治世一六二二年頃からしてニコラ・リゴーが刊本を集め出した。当時はやや充実したとはいうものの、蔵書数は古代写本が二千六十九冊、中古写本および刊本が二千六百四十二冊で、全部を合わせても五千に満たなかったのであるが、ルイ十四世の時に著しく増加し尋いで革命時代に入りて大発展の幕が開かれた。一七九一年には市内数個の図書館を併合して国立図書館の建設を試みたけれども反対者があって成立しなかった。一八〇五年二月六日ナポレオンは自ら図書館章程を起草し、当時仏国の治下にある文籍は一部通りは必ず国立図書館に備え附け、ここに無ければ即ち領土内どこにも無いことにし、図書館を以って帝国文教の淵源たらしめようとした。一八六三年にはラベドワイエールの集めた革命関係書類十万冊を得て一層内容を充実し、現今では刊本三百五十万、写本十一万、図譜五十万、合計四百万以上に上って居るが、今度の大戦に際しこれに関する文書の蒐集に努めて居るから、また余程増大することと思われる。

十二三世紀の頃より各地に大学の勃興するに伴うて大学図書館も発達して来たが、今その中の一つなる牛津《オックスフォード》のボードリアン図書館に就いて見るに、この蔵書を利用し得るものは特許を得たる少数の人、貴族院議員の子息、もしくは哲学を八年間専攻した者のみに限られ、一般の学生は借覧を許されなかった。十四世紀の初にウスターの監督コブハムは処女マリヤ教会《チャーチオブセントメーリーゼヴァージン》の傍に公開図書館を設け大学生の閲覧に供したが、それでも監督は至って厳重で書物は悉く鎖で繋ぎ、二人のチャプレンに監視を命じたのであった。十七世紀に至って同大学図書館では本科卒業生に借覧を許すことになり、一八二七年には在学生一般にその恩典を及ぼしたが、しかしそれも僅かに一週一時間だけであった。この図書館は曾てエドワード六世の時に一旦破壊されたけれども、一六〇二年サー・トーマス・ボドリアンに再建され、国王その他有志の賛助を得て内容を豊かにし、且つ出版条令によりて国内で刊行される書物は一部ずつ納附せられることになったのでますます盛大になった。今では八十六万冊に製本された二百七十五万種の刊本と、四万冊の写本、一万八千五百の証書類、五千六百冊の初期版を蔵して居る。

こういう風に百年程前まではいずれの図書館もその蔵書の利用ということよりは寧《むし》ろ保存に重きを置いて居ったのであるが、十九世紀に入ってから急激の進歩をなし、以前は国立または州立本位であったのが市町村立本位となり、利用者に厳格な制限を加えて利用よりは保存本位であったのが、今は民衆の前に公開して専ら利用を尚ぶように成り、ここにいわゆる現代図書館《モーダーンライブラリー》の出現を見るに至った。

東洋　東洋では彼のアッシリアと殆んど時代を同じうする周の王室文庫に第一指を屈せねばならぬ。史記には老子を伝して周守蔵室之史也とあり、老子が周室の図書館長であったことが知れる。漢の班固《はんこ》は漢書芸文志に於いて老子の学説を論じ老子が曾て柱下の吏となり博く古今の典籍を読破したるに由来すとして居る。秦火に遭って多くの典籍は泯滅《びんめつ》したけれども、地方の篤志家によって私かに保存せられたものが、馬上を以って天下の治むべからざることを覚った漢の高祖の保護に由って復興の機運に会い、武帝の時には蔵書府を置いて写書の官を任命し、随書には既に書庫の文字が見えて居る。清の高宗によって集められた一大叢書、その名は四庫全書として普く人の知る所である。

日本　日本では大宝令に、図書寮を置き図書頭をして実務を司らしめるとある。これが我が国に於ける国立図書館の始めである。禁中には御書所《おふみどころ》があり、古今集の選者として有名なる紀貫之は御書所預であった。私有文庫としては光仁の朝、石上宅嗣《いそのかみやかつぐ》の芸亭《うんてい》が最も古い所で、此庫《ここ》では閲覧と共に講話も開かれた。これに尋いで和気広世《わけのひろよ》の弘文院、菅原道真の紅梅殿《こうばいどの》、二条高倉の江家文庫《ごうけぶんこ》などを数うべく、やや下っては藤原頼長の文庫の如きもまた看過すべからざるものである。地方では金沢、足利の二文庫の如き何人も知って居る所であり、徳川将軍家の紅葉山文庫《もみじやまぶんこ》、水府《すいふ》の彰考館文庫《しょうこうかんぶんこ》の如き、その著しきものであった。これらの図書館がよく和漢の古書を保存して特殊の研究家に多大の便宜を与えたことは言うまでもないが、しかしながら一般民衆に及ぼした影響如何ということを顧みるとそれは至って微弱であったといわねばならぬ。

およそ図書館発達の迹《せき》を概観するにその第一期は常に王室文庫であった。アッシリアでも、アレキサンドリアでも、周王のでも、我が皇室の御書所でも、皆この種の図書館であった。次は国立州立本位の時期で、その多くは専門的研究家の為めの参考図書館であった。この二期を経過して然る後に公衆の為めの図書館時代が来るのである。

〔註〕

イ　レーヤードは一八一七年パリで生まれた、父母共に英国人である。一八四〇年頃から小アジア地方を旅行し、ニヌアの旧迹を発見し、一八四七年に帰国した。二年後にニヌアとその遺物（Nineveh and its remains）二巻を著し、尋いで一八五三年にニヌアおよびバビロンの廃墟に於ける発見（Discoveries in the Ruins of Nineveh and Babylon）を公にした。晩年には公使としてコンスタンチノープルに赴任した。

第三章　開架図書館

第一節　現代図書館の特質

前述の如く文化の発達に伴うて各地に図書館の設立を見たのであるが、その多くは皆国王とか貴族とかの文庫であるか、あるいは学校とか教会とかに附属したもので読者の範囲には自から制限があったのである。アメリカの如き自由な国でも、その初めに出来た図書館は依然旧風を蹈襲《とうしゅう》して居ったのであるが、十九世紀の後葉に至って急激に勃興し出し、一八七六年（四十年前）にアメリカ図書館協会が設立されてから一層進歩の機運を醸成し、遂にいわゆる現代図書館を産出するに至ったのである。

『アメリカ公共図書館』の著者ボストウィック博士は次のように言って居る。「最近合衆国に於ける通俗図書館の大勃興に伴《ともな》われて図書館の目的および職能に関する新しき観念が現われた。一言にして言うと図書館は今や単なる受動的勢力たるに満足せずして能動的勢力たらんことを要求し、単に書物を監視し保存するだけではなく、望む人に手渡し、閲覧者の満足し得るようにしようとする努力である。最古の図書館は倉庫に過ぎなかったが、閲覧者の範囲が拡まるに従い漸次読者の便利を図るようになり、蔵書を分類し、系統的に排列し目録を作った。しかしながら、自から望んで登館する人だけに限らず一般社会の人に閲覧させるようにするのが図書館の本分であるということを覚るようになったのは極く最近のことである。現代図書館は架上の書物は悉く閲覧者の手に渡るべく、社会の総べての読者の為めに書物を備え置くべきであると信じて居る。」

然らばそのいわゆる現代図書館とは如何なるものをいうのであるか。その特質の数ある中で第一に挙ぐべきものは開架式（Open shelf system; Open access; Free access to shelves）である。読者は図書館に入り、閲覧票を受け取り、カード目録を繰りてこれと思うものの書名その他の要件を閲覧票に記入し、これを出納台へ差出して待つこと数分ないし数十分、ようやくにして書物を手にして見ると目録の書名に依って推定したのとは余程内容が相違して居る。そこでそれを返して閲覧票を受け取り、更に前記の手続を繰り返して借出して見ると、これもまた予期に反して居る。その内に時間は空しく経って失望のまま館を去るという経験を一度ならず嘗《な》められたことと思う。この面倒な手続をするでなければ図書館らしくないと我国では一般に信じられて居るようである。西洋でも四、五十年前まではそうであった。しかしながら時間の貴さを知って居る西洋人は何時までもこの不便極まる方法で我慢することが出来なくなったので、この繁瑣《はんさ》な手続を全部廃して仕舞い、登館者は直接書庫に入り、自ら架上の書籍を検索し、気に入ったのを持ち出す方法を考え出し、これを直に実行した。これが即ち開架式である。

第二節　開架式の出現

開架式の採用は現代図書館の特色で、生存競争の激甚な現代社会に最もよく適応したものである。されば英米の図書館は競うてこの式を採用し、今では公共図書館としての体面を保つには是非ともこの式を採用しなければならぬことになって居る。しかしながらこれは極く最近の考案で、その初めに当たっては随分甚しい困難もあったのであるが、斯道の先覚者が万難を排して、これを実地に試み、遂に今日の盛況を致したる奮闘の事蹟は永久に忘るべからざるものであるから、私はざっとその径路を辿って見たいと思う。

開架式が産声を挙げたのは米国で、一八七九年（明治十二年）にポータケット無料図書館で試みたのが最初の開架であるといわれて居る。一八七七年（明治十年）の十月二日から五日にかけて英京ロンドンで開かれた図書館大会には、米国の有名な図書館学者も参列して居ったが、この式の可否が議題に上った時には少数者を除く外は皆反対した。それより十一年の後、米国図書館協会総会でまたこれが議題となったが、開架賛成者の中には全部開放を不可能事と做《な》し、一部開放を以って満足せねばならぬと言った位である。唯ネルソン嬢一人は数年間の経験を基として全開架の可能並びに有理を主張した。超えて一八九〇年（明治二十三年）に開架論集が現われた時には、その寄稿者中、一人の全開架実行者もなければ、またその弁護者も無いという有様であったのであるが、一旦投げ入れられた酵母は穏密の間に働いて居ったので、その翌年にはヒギンソン氏が将来の図書館は開架図書館たるべきことを高唱するに至った。丁度この頃クリーヴランド公共図書館でかなり大規模の開架を実行したが、それと相前後してミネアポリスでも開架が試みられ、一八九一年（明治二十四年）の桑港大会にその成績の佳良にして図書利用の増加したことが報告され、開架は到底拒むべからざるものであると断言された。爾後開架式はようやく弘まって来たが、一八九五年（明治二十八年）にフィラデルフィア図書館の設立さるるや、開館の初頭から全開架が断行されたので、これが強大なる刺激を米国図書館界に与え、数年を出ない内に全米国を風靡するに至ったのである。現在に於いては蔵書数の非常に多い大図書館で、建物の都合上組織変更の出来ないものなどを除く外は、悉く開架図書館であると言うても差し支えない。上記の大図書館に於いてもなおかつ数千冊の書物は常に自由書架に備えられて、読者の自由播読に委してあるのが常であるとボスウィック博士は言って居る。蔵書の一部を自由書架に備える方法はヨーロッパの大図書館にも採用せられ、ロンドンの大英博物館《ブリチッシュミューゼアム》の閲覧室の周囲には常に約二万の図書が自由閲覧に供してあり、パリの国立図書館《ビブリオテークナショナル》には常に一万二千の図書が開放してある。

第三節　英国式安全開架

大英博物館文庫《ブリチッシュミューゼアムライブラリー》に居るマクファーレン氏は現時一般に採用せらるる開架式がアメリカから渡ったものであることを認め、その著、図書館管理法（Library administration）に於いて、近来アメリカに起こった開架運動は非常な勢を以って英国図書館界に侵入し、ここでも、また素晴らしい勢いで全島に波及し、更に大陸に及ぼうとして居ると述べて居るが、三年程前に物故したロンドンの有名なる図書館学者ブラウンは、現時英国に行われて居るのはアメリカ式の模倣ではなく、殆んど時を同じうして現われた英国式開架であることを主張し、その論文は氏の最後の計画で氏の死後一昨年ロンドンで出版された開架図書館（Open access libraries）の巻頭に載せられてある。氏のいうところを簡単に抄録して見よう。

「今から二十年前予はロンドンのクラークンウェル公共図書館（現今のフィンスブリー図書館）に於いて安全開架式《セーフガーデットオープンアクセスシステム》を実行した（訳者註　これ一八九四年のことで、前節に紹介したフィラデルフィア自由図書館の創立に先《さき》つこと一年）。その当時に於いてはすこぶる大胆な試みであったので、これに対する賛否の声囂然《ごうぜん》として起こり、中にはその将来に向かって悲しむべき予言をしたものさえあった程であるが、それにも拘らずこの新しい企は着々成功して次第に全英国に普及し、今では殆んど総ての図書館に於いて経営上の重要なる一大要素として採用せられるようになった。この際世の誤解を一掃するため一言して置きたい。というのはこの安全開架式は一八九三年に予が米国図書館を視察して帰った土産であるかの如く世間では言い触らして居るが、それは甚だしい間違いで、この式の考案が予の胸中に成り立ったのは一八九一年のことである。それも空漠な机上の論というではなく、二十年間細心の注意を以って実行した経験の成績を基礎として、その上に打ち立てたもので、文学書類の所へは借覧者が多く集まり勝ちであるから、その混雑を避ける為めに室の周囲の壁に沿うて列《なら》べた書架に文学書類を備え附け、その他の書物は室の中央部に五、六尺隔てて列べた両面の書架に排列することにし、出入口に特別の設備をしたものである。こういう風な式は予の渡米した頃米国のどこにも存在しなかったのは固《もと》よりのことで、最近の報告を見ても安全装置《セーフガーツ》を備え附けて居るところは一つもないらしい。米国では図書の紛失が比較的多いといわれるのも、これが為めであろうと思う。クリーヴランドで開架式を実行して居ると聞いて行って見たが、それは借覧者が書架の硝子戸越しに図書を検索するので、読みたいものがあればそこに居る司書が鍵で錠前を開けるという遣り方であった。それも文学書類は依然旧式の閉架《クローズドシエルフ》に納めてあり、請求に依って出納して居った。ポータケットでも小さな開架式を見たが、英国式のような安全設備はなかった。ニューヨーク商業図書館ではかなり大仕掛の開架を見たが、ここに於いてもまた安全設備はなく、函架案内《シエルフガイヂング》も幼稚なもので、分類も極めて不完全なものであった。英国式安全開架は（一）蔵書を分類して書架に排列すること、（二）出入口に自動扉を設けること、（三）函架案内を詳細にすることの三特質を有って居る云々。」

　以上は考案者自身の言であるから自画自賛をやって居るのではあるまいかと疑う人があるかも知れない。しかしながらこの式の実際上の価値は英国図書館員の斉しく認めて居る所で、決して考案者一人の誇張ではない。その一例としてエックレス公共図書館のハイネス氏の言を引用して見よう。「読者にも館員にも斉しく満足を与えるものは疑うまでもなく安全開架式である。但し書庫の都合やその他の事情で全開架《トータルオープンアクセス》のできない場合もあろう、その時には部分開架《パーシャルオープンアクセス》、即ち迅速参考用図書の大部分を選択して開架に出し、他の残本は借覧票に記入して請求す

れば貸出すという風の式を採用すべきである」（Library world, April, 1914）

ここで私は**開架**の訳語に就いて一言して置かねばならぬ。オープン・シェルフ・システムのことはこれまで必ずしも我が国に紹介されなかったのではない。安全開架式に就いては未だ嘗て紹介されたのを聞かぬが、普通の開架のことは既に数年前から二、三の人に依って紹介され批評されて居る。紹介者は大抵これを書庫開放と訳して居り、その結論はいつも我が国には不適当ということに終わって居る。私が今開架の訳字を用いるのはこの結論を得たくないからである。オープン・シェルフの真意は閲覧者をして直接書架に接近して自由に書物を検索せしめ無駄な時間と労力とを省くにある。故に書架を開いて置くけれども書庫を開放するのではない。書庫の出入口は相当の方法で監視して居り、殊に英国式開架に至っては前述の如く厳重に取締ってある。然るにこれを書庫開放と訳するときは余りに大袈裟に聞こえ、且余りに大胆な放任主義のように思われて、その結果は実行不可能論に終わるのである。英米で全開架を行って居る所でさえも、これをオープン・シェルフとか、トータル・オープン・アクセスとか、あるいはフリー・アクセス・ツー・シェルヴスとか言って居るけれども、未だ嘗てオープンスアトハウスと呼んで居るのを聞かぬ。書庫開放は実際上不可能事であるが、適当なる方法で書架に自由接近を許すことはできることであり、また今後の図書館では必ず行わねばならぬことである。オープンは開く、シェルフは書架であるから、開架は全く直訳であるが、しかもまた原語の意義を精確に表わし得る訳語であると私かに信じて居る。私はこの訳語を用うることに依ってこの式に対する世の誤解を釈《と》きたいと思うのである。更にこの訳語はそのままの形で形容詞に用いることのできる長所を有って居る。英米ではオープン・シェルフ・システム（Open shelf system）オープン・アクセス・システム（Open access system）オープン・アクセス・ライブラリー（Open access library）という風に、他の名詞に冠らせて用いる例が多いが、もしこれを書庫開放と訳すならば、書庫開放式ぐらいは未がよいとしても、書庫開放図書館の如きに至っては字数徒らに多くして語呂から言っても余り感心したものでない。上来用い来たった如く開架の二字ならば図書館の上に冠らせた所で別段呼び難くも、聞苦しくもない。即ち意義の上からと形の上からとこの二つの理由で私は開架の訳語を用いたのである。

第四節　開架の実施

蔵書の分類　旧式の閉架図書館《クローズドシェルフライブラリー》では、大抵は図書の形状大小に依って区別し、外形の類似したものを一所に集め、到着順で書架に排列したものである。されば書庫に入って見ると外観の整斉という点からは一寸立派であるが、内容の上では何ら関係のないものが相隣接して並んで居る。別に分類目録を備えて置き、借覧者の要求に応じて、単に書物の番号（函架番号）のみを当《あて》にして出納するという旧式の経営法では――これでもともかく図書館員の側からは大した不便はないのであるが、しかしこの出納法が借覧者に満足を与えるものでなく、何事も敏活を尚ぶ現代社会の需用に適応したものでないことは前に再三述べた通りである。ところで開架を実行する段になるとこの排列法では間に合わない。或る事柄に関して取調べたいことがあって登館しても、その事柄に関する図書が一所に集まらないで、彼方此方に一冊ずつ散布して居るという有様では、遂にその目的を達するを得ず、失望して館を去ることになるであろう。これでは折角の開架も何ら公衆に便利を与えないことになってしまう。そこで蔵書を分類し、同一事項に関する書物は悉く一所に集め、同一類の書物の一群中に於いても著者名またはその他一定の標準に依って順序を立て、検索者に便利なようにしなければならぬ。そこで蔵書分類の必要が生ずるのである。

然らば蔵書は如何なる主義に依って分類すべきか。数多くあらわれた分類法の中で最も有名なのはデューイの十進分類法（Dewey's Decimal classification）とカッターの展開分類法（Cutter's Expansive classification）との二つで、前者は現代のあらゆる知識を十門に分かち、各門を更に十類に、類を十綱に、必要あれば綱を十目に、十亜目に分け、記号としては数字を用いるのであり、後者は前者のように数に制限されないから余程自由であり、記号としてはローマ字を用いるのである。この二主義は共に米国で生まれたものであるが、両者いずれも長所を有すると同時に多少の短所のあるのは已むを得ない。しかのみならず、何事にも自尊心の高い英国人は単なる米国の模倣といわれるが厭《いや》さに調節分類法（Adjustable classification）並びに事項分類法（Subject classification）を発明し、これを英国式と銘打って発表した。その内で実施上最も便利で、最も評判のよいのは十進法で、米国は言うに及ばず英国にも弘く行われて居る。一九一〇年（明治四十三年）の記録に依ると、英国内に於いて十進法に依って蔵書の分類を実行したのが百二十館、調節法が五十三館、事項法は一九〇六年の創唱であるにも拘らず、五個年間に四十館に採用されたとある。その後の五個年間のことは精密な統計が手許にないから明言は出来ないが、この時期は開架式の盛んに普及した時であるから、随って蔵書分類も盛んに実行されたことと思う。我が国に於いても京都大学図書館の和漢書部を初めとし、東京の日比谷、京都、山口などの各府県立図書館に於いてデューイの十進分類法が採用されて居る。しかし開架は未だ我が国では帝国大学の部館を除く外、どこにも行われて居ない。

函架案内　蔵書の分類が行われ同種の書物が一つの書架に相隣接して排列されても、或る種の図書が何の棚にあるかを明らかに指示して置かなければ、検書者に満足を与えることが出来ない。この要求を充たすのが函架案内《シェルフガイヂング》で、まず部門の名称を書架の上部に肉太《にくぶと》に現わし、各部門内の細別は各々この棚板の前面に記し、書架の各列の両端にはその一列の書架に収められた内容の全部を表にした掲示板を掲げて置く。これと、別に備えてある目録と、各所に配置してある館員の案内とで、検書に不便ならしむるのである。目録のことはまた項を更めて話して見たい。

安全装置　開架図書館では借覧者を自由に書架に接近させるのであるから、適当の方法を以ってこれを統制することをせず、自由に放任して置いたならば、図書の紛失が頻々として起るということは、蓋し当然のことであろう。書架を開放して一般公衆に便利を与えるのは誠に望ましいことであるから、それに伴うて図書紛失率が多少高まろうとも、一方にそれに増したる利益があれば少々の犠牲は已むを得ないとしても、さりとて紛失率の余りに高まるのは望ましいことではない。もし適当な方法があって、公衆にも満足を与え、紛失をも防ぐことが出来るならば図書館経営者は躊躇《ちゆうちよ》なくこれを採用しなければならぬ。それはブラウンの安全装置《セーフガーツ》である。書庫には戸口を二つ設けて、一方を入口に他方を出口にする。各戸口には自動開閉扉を設け、借覧者が入れば自動的に扉が閉まって同時に二人以上入ることを許さない。入口と出口とには館員が居り、以前に借りた書物を返さなければ更に書庫内に入るを得ず、また新たに借覧しようとする書物は出口の方で受け取って自動開閉扉を出るようにする。こうすれば紛失を防止することが出来、しかも借覧者に自由検索の満足を与えることが出来る。

開架式と目録　西洋、殊に大陸で以前から弘く行われて居ったのは著者名目録《オーサーカタローグ》であり、その外に分類目録《クラシファイドカタローグ》、件名目録《サブゼクトカタローグ》などの種類がある。いずれも一長一短を有するので、これらの長所を取り集め、これを一纏《まと》めにして、あたかも百科辞書を編纂するような順序に排列したら便利であろうというので、カッター氏の唱出したのが辞書体目録で、その編纂法を説明したものが Rules for a dictionary catalog という題で、今から四十年前即ち米国図書館協会創立の年に出版され、一時は大変な評判で、これを実行した図書館も少なくはなかったのであるが、実際行って見ると非常な労力がかかり、出来上ったものはそれほど便利でもなく、これを印刷にでもする場合には頁数が馬鹿に増加し、従って印刷費も嵩《かさ》み、経済上の点からいっても、決して理想的のものでないということが解《わか》り、十年程前からこれに疑議を挿むものが多くなり、殊に英国の図書館学者などは甚くその欠点を指摘して居る。蓋し開架式の普及と辞書体目録の価値とは互いに反比例をなして居るのである。然るに我が国の図書館界を顧みるとようやく近年に至り辞書体目録のことが紹介され、殊に最近この目録の価値が過大に吹聴されて居るように見えるが、英米の実際家はこれを実行した経験上漸次その価値を疑うに至った。英国第一流の図書館学者ブラウンはその著『図書館経営撮要《さつよう》』に於いて辞書体目録の欠点を挙げて繰り返し繰り返し攻撃し、「辞書体目録は蔵書を分類しない図書館の架上に何ら関係も連絡もない事項や著者名がただ文字順にゴッタに並んで、無茶苦茶な混乱状態を呈して、居ると同じようなもので、たといそれが索引で補正されるとしても、公共図書館の如き準教育機関の目録としては全く不要のものである」（Manual of library economy, pp. 240-241）といって結んで居る。更に一昨年発行の『開架図書館』の執筆者マックギル氏も「辞書体目録は開架図書館には不適当である。何となればこの目録は架上の図書と排列が一致しないからである。しかのみならずそれは厖大《ぼうだい》なるものとなり、製作費が嵩み、たちまちにして時代後れ《アウトオブデート》となるものである」といって居る。

要するに開架式の普及と共に目録編製法にも革新が行われるのである。これに就いて言うべきことは少なくはないが、今それを詳論して居っては読者の倦怠を招くことと思うからここには省いておく。

第五節　開架実施の難点とその弁妄

開架の利益は明瞭なことで何ら説明を要しない。ところがこれが実施に関して二つの難点が提起された。一は管理の困難、二は図書の紛失である。しかし第一の難点は公共図書館存立の意義を考えて見ると殆んど問題とならない。そもそも図書館が公費を以って維持されて居るのは何故であるかというと、それは公衆に便利を与えるからである。されば公衆に一層大なる便利を与えんが為めに多少管理上の面倒が殖えようとも、それは決して辞すべきではない。況して管理の困難ということも寧ろ想像上のことで、実際行って見ると左程ではなく、出納手を要しなくなるので却って経費は軽減し、これを図書購入費に充て内容の充実を図り得る利益があるのである。

第二の難点なる図書の紛失は一見大いに増加するだろうと思われるが、実行の結果は必ずしも驚くべき程のものではない。ロード嬢は米国の多くの都市の成績を基礎として統計を試み、これを一九〇八年の大会に報告したが、それに拠って見ると、一年間に於ける各一万冊に対する紛失数は

都市の人口	開架式	閉架式
三十万以上	七～三九	一～九
十万以上	八～四二	二～五三
二万五千以上	六～四八	五
二万五千以下	二～九	不明

（American public library による）

であって時には閉架よりも減じて居ることがある。マクファーレンの調査に依ると、紛失率の最も高かったのはボストンの少年図書館で、五千冊の蔵書中一年間に紛失したのが数百冊に上り六人の少年は検挙された。しかしこれは経営宜しきを得なかった為めで、相当な注意さえ払われたならば紛失は決して多いものではない。その適例はミネアポリスで見ことが出来るので、ここでは一年間に僅々三冊と雑誌の落丁が二、三出来た位で、二十ドルで充分に補われた。英国式安全開架では紛失は殆んどなく、大きな図書館でも一年間に見えなくなるのが僅々

二、三冊位なもので、旅行案内などになると、一旦見えなくなっても間もなく返って来て居る。（Library administration に依る）

以上で見ると開架式を採用しても紛失は決して恐るべき程増加するものではない。たとい少々の紛失があるとしても、一方に於いて多くの公衆に大なる利益を与え得るとしたならば、その損失を補うて優に余りあるのである。開架といっても何も悉く開放しなければならぬというのでなく、珍書、稀覯書《きこうしょ》または特に高価な図書を閉架に収めて置くは素より、衣嚢《いのう》へ忍ばせ易い袖珍本《しゅうちんぼん》なども別の棚に収めて置き、要求に応じて貸与するようにして少しも差し支えなく、また余り人の見ない書物などは別の書架にしまっておいた方が寧ろ邪魔にならないで宜いのである。そうすれば大きな損失なしに公衆に満足を与えることができて、図書館の職能が十分に尽されるのである。公開必ずしも紛失率を高めるものではなく、閉鎖必ずしも絶対に安全なものでないという証拠は、我が中世の金沢《かねさわ》・足利《あしかが》二文庫の実績に依ってこれを見ることができる。金沢文庫は人も知る如く、好学の士北条実時《ほうじょうさねとき》が多年苦心して蒐めた集書を火災のおそれ少なき金沢の別墅《べっしょ》に移して保管したのに基づき、その孫顕時《あきとき》が祖父の遺志を紹《つ》ぎてこれを完成したのである。その初期に於いては一族並びにその他好学の士の借覧に供し、当時の文化即ちいわゆる鎌倉文明に寄与する所すこぶる多かったのであるが、元弘の役にその継承者貞顕《さだあき》が戦没してから適当なる管理者を失ったので、この貴重なる集書は称名寺の僧侶の司管に委せられ、深く書庫の奥に蔵められてこれが活用の道は講ぜられず、紹介者ある場合に限り参観を許されたけれども、それは唯宝物拝観と同じく、研学の為めの借覧は何人にも許されなかった。斯く厳重に取締られたにも拘らず蔵書の散逸は何時の間にか起こって、慶長七年徳川幕府の富士見亭文庫《ふじみていぶんこ》に移管せんとした時には、行方不明のものがすこぶる多かった。これに反して足利学校ではその文庫を天下の士民に公開して爰に集まり来る学生の前に絶好の参考資料を供給した。勿論公開といっても館外帯出は許されず、借覧に相当の手続を要したのではあるけれども、これを彼の金沢文庫の厳秘主義に比すればこれはすこぶる寛大であったといわなければならぬ。然るにこの足利学校では書物の紛失は殆んど無く、数百年前からの同文庫蔵書は依然として今に保存されて居る。これもまた開架問題解決の一参考資料たるを失わぬであろう。

第六節　開架と公徳心

人はいう、開架は望ましきことなり、されどこれは公徳心の高き欧米に於いてのみ可能であって、我が日本の如き公徳心の低き国では行うべからざることである、と。果たしてそれ程の懸隔《けんかく》があるであろうか。成る程西洋人が公徳を重んずるのは事実である。しかしながらそれは果して先天的に高い公徳心を有って生まれて来たのであろうか、あるいは社会の制裁が強いからではあるまいか。ドイツあたりの公園などには草花一つを摘めば数円の罰金に処すという制札があると聞いた。更に数十年の以前に遡れば、公園や路傍に樹木を植え附けた当時は、憲兵が昼夜警衛して居り、苗木を抜き取ろうとするものがあるとまず空銃で脅かし、それでも効果が無ければ生命に別条ない程度で足とか手とかに実弾を打ち込んだものだそうだ。米国の官庁用の封筒には私用に使ったら三ドルの科料に処すると印刷してある。図書館などでも帯出期限が切れると、翌日から科料を日割で徴収し、一ケ年には莫大な額に上るので、これを紛失書の補充に充てると優にその損失を償うて余りあり、更に多くの新書を購入することができると書いてある。少し方面が違うが人道主義教育説の発源地では最近何事を出来したであろうか。櫛《くし》の歯を引くが如くに来たる戦地よりの通信は、忌まわしい虐殺や略奪を報じて居るではないか。軍紀整粛、秋毫《しゅうごう》も犯す所なき我が日本の軍隊はなおかつ彼らよりも道徳心の劣った人士から成り立って居るといえようか。日本人は徳義心が薄いと自ら卑下して我も人も怪しまない。自ら侮るものは他に侮らる。外人に軽侮されざらんが為めには、今少し自重心を振起《しんき》させる必要があるではなかろうか。武士は食わねど高楊枝と澄まして居ったのは我らの祖先ではないか。熱しても悪木の蔭に憩わず、渇しても盗泉の水を飲まざる君子も決して少なくはなかった。もし約に背かば公衆の前にてお笑い下さるべく候と書いたのは吾々の祖先ではなかったか。人あるいは言わん、それは旧藩武士のことであると。誠にその言の如し。然れども廃藩と共に武士道もまた跡を絶ったであろうか。成る程、武士という特殊の階級はなくなった。けれどもそれは武士の消滅ではなく寧ろ拡張である。国民皆兵は即ち武士道の普及発達とも解することが出来よう。たとい現在に於いては十分でないとしても、少なくとも将来に於いて武士道の精神が全国民によって発揮される日の来るであろうという予期の観念の内に住することに依って、吾々の自重心を維持したい。然らばこの国民の前に書庫を開放して自由閲覧を許したからとて大した危険があろうとも思われない。初めは多少の紛乱もあろうけれども、それは更に大なる利便の為めにはしばらく忍ばなければならぬ。デパートメントストアでは時々万引に懸かろうけれども、売れ行きがずっと多ければ結局利益である。草花の摘み取られる恐れがあるからといって公園の門を閉じてしまったら人は何というであろうか。

論じてここまで来ると、私は昔の話を一つ語らねばならぬような感じがする。

宮城県立図書館の蔵書の一部として、青柳館文庫《せいりゅうかんぶんこ》本の現存することは広く知られて居ることである。往時青柳《あおやぎ》文蔵《ぶんぞう》という人があって、医者になろうという希望で江戸に上り、苦学して修養を積んだが、或る事情のために遂に医者にならずに終わった。そこで自分は医者に成らなかったが、今後医学に志す青年も多かろうから、せめてはそれらの人を助けて自分の素志を貫きたいというので、多くの書籍を集めて郷里に帰り、藩主仙台侯に寄附を願い出て、その嘉納する所となったのがこの文庫である。この青柳館文庫がまだ藩の所管で医学館の附属であった頃には、文庫係を置いて管理の任に当たらせ、弘く藩士の閲覧に供して居った。その頃文庫係として実際その任に当たった経験のある仙台医界の耆宿《きしゆく》、中目《なかめ》斉翁《ひとし》の談話に依ると、当時は貸出をするにも別に証書を取るでもなければ、記帳するでもなく、ただ毎年一定時期に行う曝書に際して取調をするが、その時に見当たらないと困るから、その前日までに返して貰いたいという一言を添えるだけであった。やがてその時期が来れば調べなければならず、調べて数が足りなければ管理不行届の廉を以って切腹しなければならぬのであるが、数年に亙る在任中、未だ曾て一度も紛失したことがなかったということである。

　これとよい対照《コントラスト》をなして居るのは中世から近世にかけてのヨーロッパの図書館である。中世以後続々現われた図書館は大抵寺院、修道院、大学などの附属図書館であって、読者の範囲には厳重な制限があったにも拘らず、紛失が甚しいというので、書物に鎖を着けて書架に繋ぐ方法が案出され、これが一般に行われた。もし初めから公徳心が高いのなら鎖の必要はなかったろうと思う。日本でも古来図書館がないのではなかった。金沢文庫の初期並びに足利文庫が好学の士に公開されて居ったことは前に述べた。更に遡っては五條の紅梅殿の如き「秀才進士のこの房より出ずるもの計るに百人に近し故に学者この房を名けて龍門とす」と菅原道真の自記（寛平五年）にあるに徴しても、或る範囲で公開されて居ったことが知れる。その他にも寺院、学校などの文庫があった。しかしながら未だ曾て鎖で蔵書が繋いであったということを聞かない。然るに鎖が必要であった西洋では今では競うて開架を実行して居るのに、昔から鎖の必要のなかった我が日本で開架の出来ないというのは甚だ奇態である。西洋人とても盗難の恐れが無いから開架を実行するというのではない。ボスウィック博士は一昨年九月に公にした著書に於いて述べて曰く、盗まれた書物の捜索に努めても容易に見当らないのは売らんがために盗むのではなく、自分でその書物が欲しいが買うことが出来ないので已むを得ず盗み取って自己の書斎に愛蔵し容易に手放さないからである。某市図書館で一年間一千冊の紛失書があるとせよ、正直な読者百人に対して不正直な読者一人の割合と見たならば、該図書館は一年間に十万冊の書物に対する興味を市民に吹き込んだことになる、と言うて居る。

図書館も一種の教育機関であるということは前に論じた所で、これには何人も異議を挿む余地がない。教育の主体たるものは、その客体の有って居る自重心を利用してその実効を挙げなければならぬ。頭から貶してかかっては決してその目的を達するものではない。それよりも彼に存在する所の美点を認めてこれを発達せしめねばならぬ。おふしたつるというもエデュケートするというも、エルチーエンするというも皆これを意味するのである。釈迦が万人悉く仏性を有すと説いたのも、孟子が四端本有説を提げて告子を駁撃《ばくげき》したのも、王陽明が良知の本有を主張したのも、人を教育し救済しようという点から見れば誠に当然のことである。ルソーの立てた主観的自然主義の教育説が何時までも価値を失なわぬというのも、つまりはここにあるのだ。近時教育革新家としてその名の喧伝せらるるモンテッソーリ女史の教育法も、その根本観念は要するにルソーの自然主義の復活に外ならぬ。国民教育の基礎を置いた第一人者として、ペスタロッチーが世界の教育史上に不朽の名を留めたのも、そもそもまたこれでは無いか。当時流行した新人文主義の教育者が依然として旧思想に囚えられ、教育は上流にのみ必要であり、また可能であると考えて居る間に、教聖ペスタロッチーは、自分を育ててくれた下婢の心の中に、またかの片田舎の貧しき農夫の中に、はたまたシュタンツの憐れな孤児の心の中に、棄て難き美点のあることを認め、これを発達させて完全な人とするのが教育の理想であると絶叫して、初めて教育を普遍的のものとした所に万古没すべからざる功績があるのである。社会の公衆に公徳心がないと貶《けな》すよりも、寧ろあるものと信じて開架を実行して欲しい。現在のいわゆる公徳心が不十分であるならば、寧ろこれを導いて公徳心を高める機会を与えるのであるという自信を以って開架を断行するのも愉快な事業であると思う。開架は早晩行われるものである。他よりも一日早ければ、我が国に於ける開架率先者たる栄誉を永遠に貽《のこ》すことができるのである。

〔註〕

イ　Clark, The care of books. Cambridge, 1909.

ロ　Bostwick, The making of an Americans library, 1915.

第二編　学校教育の成全要素としての図書館

第四章　小学校と図書館（上）

図書館が教育機関の一種であり、随って学校との関係の密接であることは前に述べた。学校の教育は形式的《フォーマル》で強制的《コンパルソリー》で、且つ時間に制限があるが、図書館の方は非形式的《インフォーマル》で、自為的《ヴォランタリー》で、実際上時間の制限がない。学校に於ける教科書以外の書物を参考し利用する習慣を形成することは学生に取って利益であるはいうまでもなく、更に自ら望むと否とに拘らず一生涯不断に行わるる非形式的教育の上に大なる利益である。書物が単なる教授用具であるならば学校を卒えると同時に書物の用は無くなるであろうが、書物はそんなに用途の狭いものではない。

学校と図書館とは切っても切れぬ関係を有って居るので、両者の協同はずっと以前から実行されて居った。大学その他高等学校附属図書館の古くから存在したことは前にも述べたところであり、現今ではその程度の如何に拘らず大抵の学校には図書室が設けられてある。しかしながら公共図書館と学校とが相提携して組織的協同を始めたのは比較的新しい事である。

第一節　米国に於ける学校と図書館との連絡

図書館の価値が認められて来ると、公立中小学校などにも競うて図書室を設け、各自内容を充実しようと努めるようになるが、この傾向が進んで行くと、その地方の図書館と重復が生じて来るのは必然の勢である。そこで図書館とその区内の学校と協同して、特別のものを除くの外はなるべく重復を避けるようにし、有無相通じて相互の便利を図り、効果を多からしめて、しかも地方費の負担を軽減する必要が生じて来る。最も早くこれに眼を着けたのは米国マサチューセッツ州クインシー図書館のアダムス氏で、一八七六年（即ち米国図書館協会創立の年）同地の教員会に於いて「都市公共図書館と学校との連絡」に就いて演説を試みた。当時にありては耳新しい問題なので、尚この上慎重審議を要するものと考えられたが、氏の計画は四十年後の今日最も進歩した図書館を充分に満足させて居る。やがてクインシー図書館では規則を改訂して蔵書を市内の学校へ送附し得ることとしたが、アダムス氏はこれを以って、図書館をして学校系統に於ける一層生気ある要素たらしめる所以であると考えた。更に氏は学校教師に向かって、所要の図書を図書館に請求せんことを勧告していう、「諸君にして請求を始めてくれるならば、吾々は如何なる書物を購入すればよいかということを精確に知ることを得、終には諸君の経験が最良なるものと指定した所の優良書目録を図書館報に掲載し得る時期が来るであろう。この時からして始めて両者の充分なる協同が行われ、図書館は学校の本来の補充機関たるいわゆる民衆大学《ピープルスカレージ》と成るであろう」と。一八七九年の米国図書館協会大会では「学校図書館相互の関係」がプロビデンス図書館のフォスター氏に依って提出された。数年にしてこの形式的論議の時代は過ぎ去ってしまい、同年にウスター、一八八四年にクリーヴランド、一八八七年にはデトロイトという風に相尋《あいつ》いで実施され、両者の連絡は最早《もは》や普通のこととなってしまった。

バッファロー式　学校と図書館との連絡に就いて、模範的の方法と見做されて居るのは、ニューヨーク州のバッファロー市で始められた方案で、一般にバッファロー式と呼んで居る。ここでは学校図書館《スクールライブラリー》や教室文庫《クラスルームライブラリー》の蔵書は生徒が教科の予修に当たり直接に使用する参考書のみに制限され、それも公共図書館の監督の下に選択される。その他一切の補遺的読物《サップルメンタリーリーヂング》は総べて公共図書館の供給に待つので、それにはあるいは直接図書館に就き、あるいは学校または教室へ図書館から借出した図書を利用する。されば学校はその生徒からいえば図書館の蔵書分配所とも見られるのである。この方案はそのままでか、あるいは幾分か変形されて多くの都市に実行されて居るが、いずれにしても学校と図書館と両者の間に存する固有の境界を踏み越さないのを主義として居る。

ニューヨーク式　斯くの如く蔵書の一部分を学校に貸与するということは唯一つの方法に過ぎないので、図書館が学校に対して為すべきことは尚この外にも多々あることを忘れてはならぬ。これら多様の活動を管理するため、今から十年前（一九〇六年）にニューヨーク公共図書館で特に一部局が創設された。それで今この部局で実施して居ることを叙述すると、やがてそれが上述の多様の活動を説明することになる。まず第一に全市を分かちて多くの区域となし、区の広狭、場所の如何に随い各区数校ないし二十内外の学校を含むようにし、毎区に一分館を設け、各分館に学校係り司書を置く。司書は大抵女子を採用するのであるが、この女司書はその区域内の学校教員と親しく知り合いになるのが第一の勤めで、時々学校を訪問したりあるいは図書館へ来た教員に対して質問に応じて説明したり、案内したりなどする。図書館の規則に対して何か問題の起きた時とか、両者の接触点に事件の生じた場合とかには、何時でも教師は遠慮なくこの司書に通告してその解決を需《もと》める。

各学校には図書館専用の掲示板が備え付けてあり、専ら図書館広告のために使用される。この掲示に依りて教師や学生を最寄の分館へ導き、あるいは図書館規則を明白に述べ、または教師並びに生徒に与えらるべき特権を指定する。その中には特に教師に与えらるべき優待券のことも含まれて居るので、この優待券を有って居るものは研究用図書を冊数に制限なく六ケ月を一期として借し出すことが出来るのである。掲示板にはまた時々選書目録を掲げることもある。別に教師と司書との協定に成る大形のカードがあって、それにはその学期間に授けらるべき各教科と関連して最も適当と思われる図書名が記載されてあり、生徒の科外の読み物に就いて選択の便宜が与えられて居る。

学校係司書の任用に際しては、一通り教育上の事も解って居り、一寸した講話も出来るだけの才能あるものを選ぶので、彼らは時々教員会や学校の集まりの際に、図書館の職能やその利用法を講述し、蔵書のある限りは喜んで教師並びに生徒に貸与すべく、事情の許す限りは要求に基づいて新たに購入し、以ってその希望に応ぜんとして居ることを附け加える。されば教師は自身の職務用のものだけではなく、その担任学級の補遺的読物などをも請求することができるので、図書館では、経常費の一部をこの用途に配当して置き、その要求を充たして行く。内外の教育雑誌も取揃えて保存されて居る。教師はまた講義の際に自由に図書館の図書を持出して生徒に見せることができるのである。

幼年生の学級では時々教師が引率して図書館に行き、前以って準備され排列されて居る書物に就いて教授をしたり、絵本類を見せたりする。子供はここで図書館の利用法即ち主要なる参考書や、それからどういうことが学ばれるかということや、図書の分類や、架上の排列や、カード目録の効用などを教えられる。

熱鬧《ねっとう》の地だとか工場に近い所などに住んで居るために、家庭で落ち着いて予修復習の出来ない子供のために、各分館には五十冊から八百冊ばかりの参考書が児童室に備えてあり、児童は随意にこれを使用することが許されて居る。これがすこぶる有効に利用されて居るということは統計の示す所に依って明らかである。

以上述べた所は主として公立学校との連絡であって、同一公共団体の施設に係る二機関が協同するということに過ぎないのであるが、尚この関係は各種の私立学校へも拡張さるべきものと見做されて居る。それが社団もしくは財団法人の組織を有するものであろうと、一個人の経営に係るものであろうと、いやしくも教育的作業に依って社会に貢献する所のあるものならば、敢えてその種類を問うべきではない。

協同の現状　斯くの如く学校と図書館との連絡は大なる成功を以って各地に実施されるようになったけれども、未だ決して充分に所期の目的を達したものとは言われない。学校教師を味方に引き入れ、その補助を得て協同の実効を挙げようという考えで、図書館員は大いに努むる所があったけれども、教師の方では余り気乗りのしないような顔色で、図書館員が折角突出した手をば何とか厭味を並べで直ぐに握ろうともしない。学校生徒は教科書以外の書物を読む程の時間の余裕を有って居ないとか、娯楽的読み物に気を奪われると肝腎の教科書が疎かになるとか、子供に長時間読書さすのは有害で寧ろ休養の必要があるとか、いろいろの抗議を持ち出す。図書館の方では教師の意を了とし、学期中は一生徒に貸与する図書を一週一冊に制限するとか、授業時間中には児童閲覧室を閉鎖するとかいうようなことをして居る。但し科外の書物は有害無益であるという僻論《へきろん》には賛成し兼ぬるので、直接間接に学修を助けて生徒を補益する読み物は教科書以外に幾らもあり、また休養といっても同時に精神的休養も要るのであるから、清新なる趣味に富んだ読み物を与えるのは決して無益ではない。子供を長時間読書室に閉じ籠めておくということに就いては更に心配を要しないので、本来活動的で変化を好む児童は、此方から注意せずとも一時間か二時間でさっさと閲覧室から出て行ってしまう。こう答えるのが図書館員の常である。

米国教育会では図書館部を置き、また米国図書館協会では特別委員を設けてこれと協同を図って居り、教員および図書館員の連合会議は各地方に於いてしばしば開かれ、新しい興味と相互融和の好感情とが作り出されたけれども、両者協同の究竟目的が教育の改善進歩にあるということが、判然と各人の頭に印象されたかどうかは未だ疑わしい。教師側には、種々の特権や便宜が図書館から与えられることを聞いて、それなら協同に参加しても損はないという位な態度のものもあると見なければならぬ。図書館員の方では自己の活動範囲を拡張し、この新しい教育機関の効用を増やさんことに熱中し、これが為めには教師に多くの特権を与えてその交換条件として多大の賛助を得ようとして、絶えず努力して居るから、教師側では今の所それだけの熱烈な感興《かんきょう》が起きて居ないとしても、次第に協同の価値を認め、両者相携えて共通目的に向かって進もうとする機運を生じつつあることは事実である。

職業の選択　学校教育ではややもすると閑却《かんきゃく》されて居って、しかも図書館に最も適当して居ると思われる一事がある。それは職業の選択である。由来学校教育は形式的で個人的にはそれぞれ異なった特性を以って居る多数の生徒を一緒に集めて団体教育を行う。相互に切磋琢磨し相補充するということの利益が団体教育の不利を償うて余りあることがあるので、教育の初期に於いては団体教育から来る欠陥が余り気附かれずに居るが、各人別々の進路を取らなければならぬ時期が来ると直ちに不都合を感ずる。与えられた境遇に適応して行くのが選択に就いて考えられる最後の事と看做され、それ以外の事を考慮の中へ入れようとしても、それに就いて自己の才能の適否如何を確かむべき何らの根拠をも有しない。世には大学の課程を卒えながらその履修した所のものを何ら利用しない人が沢山あるが、中学で已めてしまった人の方が、大学教育を受けるのに、もっとよく適当して居ったのかも知れない。職業の選択が偶然の機会に依って為される結果、四角な穴に円い釘の打込んであるのを到る処に見受ける。して見ると選択は軽々に看過さるべきものではないので、たとい充分の適応は望まれないとしても、今少し教育に於いて注意する必要があるのである。而してこの要求を充たすのが図書館である。

今一日の閑《ひま》を偸《ぬす》んで、図書館、殊に開架図書館を訪れるならば、神学から漁猟、歴史から機械工学へと移り行くことができるので、職業選択上有力なる補助を得るであろう。医書と法律書との間に一月を費すならば以前には注意されて居なかった所の自己の趣味がいずれにあるかを覚るであろう。学校時代に於いて特別の注意の下に選択された図書館を始終利用するならば、その才能が如何なる方面に適して居るかを知り、学校で受ける形式的教育を更に一層有効に支配し、将来の為めに適当なる素地を築き得るであろう。

第二節　児童と図書館

図書館が学校の協同を需めるのは、学校生徒に図書館の価値を会得させ、在学中から図書に親しむ習慣を作らせ、卒業後十分に図書館を利用させる素地を作ろうとするので、また一種の図書館広告法とも見ることが出来る。さればその目的は児童の注意を図書館に惹こうとするにあるが、これが為めに学校を仲介者とするので、その働きの様式からいえば児童に対しては間接になる。これに反して児童に向かって直接に働きかけ、間接に学校と関連して来るのが、以下述べようとする所の児童との関係である。

図書館が児童に対して一種特別の態度を取るというのは、現代図書館の一特色で、旧式図書館員《オールドファッションドライブラリアンス》からひどく非難されたのも、またこの点である。アメリカでこの計画が発表された時には、英国の批評家は口を揃えて随分馬鹿なことをやるものだといって笑った。なるほど図書館の利用が、書物が読みたくて自ら登館するものにのみ限られて居るのならば、児童に何の用もなかろう。子供というものは、多少面倒を見て図書館のことを話してやり、そこに行けば如何な面白いものが見られるかまた如何な利益が得られるかを知らしてやらなければ、自ら求めて図書館に入ろうとはしない。しかしながら図書館もまた教育施設の一であるということが一度承認されると、そんな旧式な態度をいつまでも持続することはできない。学校に於いて自ら望んで来るものだけに入学させることにしたら如何。高等の学校ではそれでも宜かろうが、初等教育の学校ではそうはいかぬ。児童を図書館に馴れさすには適当の案内と管理とが必要で、図書館で利益が得られそうになると彼らの足は自然と図書館の方に向かって来るに相違ない。そうなるとまたその利用法を十分に監視しなければならぬ。このことは米国に於いて最も早く認められたのであるが、しかしそう古いことではない。

一　発達の概況

一八七六年即ち米国図書館協会創立の年に『米国の公共図書館』と題する大きな報告が政府で出版され、それには二段組に細かく印刷した十三頁に亙る索引が附いて居るが、児童に関した事項は一つも見えない。一八七六年から九七年に亙る二十二年間の図書館雑誌の総索引に、児童に関することが三十八あって、その内の僅か二十二が一八九六年以前のもの、九つが一八八六年以前のもので、その他は皆九七年（明治三十年）に入ってからの記事である。これに由って観ても児童に注意の向けられるようになったのが如何に新しいことであるかを推定することができる。

児童図書館が初めて建てられたのは一八八五年（明治十八年）でニューヨークの高等小等《グランマースクール》の初等部長をして居たハナウェー嬢の首唱に係るのである。同嬢は自ら述べて曰う、「時はあたかも一八八五年の夏全国教員大会の開会中であった、何物か我が肩に凭《もた》り懸かって、何故児童に閲覧室を与えないのか、と囁《ささ》いたかの如き感じが不図《ふと》我が心に起こって来た。それで早速ホワイト教授に相談して見たところが、サーそれは大事件だという答えを得るに過ぎなかった。それにも拘らず、その秋には僅か二、三百冊の書物でその事業に取り掛かったのである」と。その後種々の事情の為めに位置を更《か》えること数回に及んだが、或る時は一時コロンビア大学の一室を借りて居ったこともある。また一方では同嬢の創設に後るる一年アギラー自由図書館の一分館として児童図書館が開かれ、それは後にニューヨーク公共図書館の一分館となって今も存続して居る。一八九〇年にはブルックリン公共図書館で児童閲覧室が設けられ、この頃から漸次相尋いで各地に実施され、程なく公共図書館には普通のこととなった。一八九七年（明治三十年）フィラデルフィアで開かれた米国図書館協会大会では、児童図書館（分離せる）と児童閲覧室（普通図書館内の）との優劣に就いて論議されたとあるから、実施して居る所のかなり多かったことが推定されるが、しかしその活動振りは極めて微々たるもので、各館の児童用図書が三百冊位から、多い所で二万冊位、毎日の貸出数が三十五冊から六十五冊位なものであった。然るに今日の所ではニューヨーク公共図書館だけでも児童専用のものが十五万冊以上に上り、毎日三、四千冊貸出して居る。

旧式の図書館には児童用の図書、即ち児童の趣味と理解力に適合するように特別に児童の為めに書かれた書物というものは一冊もなかった。成人は歴史でも地理でも科学でも文学でも望むがままに借覧することができるのに、子供が面白い童話の本でも読みたいと思う時には、相識の人から借りるか、自分で買うかより外に仕方がなかった。然るに子供の財布というものは内容の乏しいのが常であるから、買おうとしても碌《ろく》なものは手に入らず、結局三文小説を読むということになり易い。少年時代に得た所の趣味の傾向はその人の一生涯を支配し、人格全体の上に大影響を及ぼすものであるのに、可型性に富んだ子供が下品な書物を手にして俗悪な趣味の方へ堕落して行くのを袖手傍観《しゅうしゅぼうかん》して居るというのは残忍な処置ではあるまいか。最近の新聞記事からその一例を取って見よう。

恐るべき豆本の流行

小学生を毒する荒唐無稽な忍術物

近時小学生の刃傷事件が都鄙《とひ》ともに頻々《ひんぴん》として生じ、教育者に対する非難の声さえ起こるようになって来た。可憐な子供の気質を殺伐ならしめ遂に測らざる。

災禍の基　をなす原因に就いて高橋泰明小学校長は語る、「小学生の殺傷沙汰は教育者として誠に遺憾に思って居るが、晩春から初夏へかけて陽気が禍《わざわい》して兎角人の心が乱れ易く、学校内にも事故や争論の数は事実上著しく殖えて居る。しかし私はこれを全然陽気の所為のみにしようとするものではない。児童の気風を荒《すさ》ましめる大原因は恐らく

活動写真と講談本　ではあるまいかと考えて居る。活動写真の弊害は既に云い古されたが、もう一つの低級な講談本の縮刷が流行出《はやりだ》して児童に非常な勢いで熟読されて居ることは大いに注意すべき傾向であると云わなければならぬ。何々文庫と云う様な赤本屋から出版する豆本が小学校の生徒に歓迎されて居るのは実に想像以上で、特に荒唐無稽な忍術使いの事を書いたような本は、恐らく百害あって一利なく、頭脳の固まらぬ小学生がこれに耽《ふけ》った結果は品性を卑《いやし》くし、頭脳を粗笨《そほん》ならしめ、終には取り返しの付かない事になるだろうと思う」と。更に神田附近の書店に就いて縮刷講談本や活動の筋を書いたような荒唐無稽な小説の売れ行きを聴くに「何と云っても子供に喜ばれるのは

豆　本　が一番です。某文庫の如きは百何十冊と揃って各冊が数十版になる勢いです。それもこの節は猿飛佐助とか、霧隠才蔵とかの忍術物でなくてはいけません。小学生や中学生などには数十冊を持っている人が珍しくない位です。この売れ行きを羨《うらや》んで何々文庫というのが数十種出ました。この節は絵草紙屋も本屋もこの種の豆本で持ち切りです。活動式の冒険小説もまた大変な勢いで、名金《めいきん》［注・一九一五年公開のアメリカ映画］などは少なくとも三十種以上出ました。それが皆相応に販《は》けるから驚くじゃありませんか」と。恐るべきはこの低級な小説の悪感化だ（大正五年五月十一日報知新聞）

子供に適当な書物を与える道を開くのは、単に子供を悦ばせるというだけではなく、つまりは社会の改良を促進する所以である。図書館と児童との関係決して軽々に看過さるべきものではない。

図書館がその恩恵を子供にも与えた**最初の時期**に於いては、児童向きの図書も普通の図書と同様に同じ書架に納められたのであるが、当時にあってはいずれも閉架式であって、子供も成人と同じように閲覧票に書名を記して出納台に持って行き、ここで待って居って書物を受け取るというのであったから、何ら特別の取り扱い法を要しなかった。しかしながら開架式が実行されると様子はガラリ一変した。少年文学書類は一緒に集められて片隅の書架に納められたから、児童は幾らか一般閲覧者から離れるようになったけれども、文学書以外のものは依然旧の通りであったから、随って児童は成人の中に紛れ込み、多少読者の防害をすることとなった。そこで不平が起こって、その結果、子供の読みそうな書物を悉く普通の書架から取り去り、少年文学書類の附近に集めることにした。そうすると子供は室の片隅に群れることになる。これを児童隅《チルドレンスコーナー》といって居る。

第二期は児童室を別室にする時代で、或る場合には本館から分離した児童図書館の設備も試みられた。これは開架の影響で前段述べた所の児童隅を別室へ移したものである。また成人の方では依然閉架式を保持して居り、児童室だけは自由出納を行らせたところもあったが、こういう所では成人の閉架式と子供の開架式とを一つの建物の内でやるのは面白くないというような所から、児童図書館を分離させた所もある。分離は必ずしも悪くはないが、しかし無理にまでも不完全な分離をするのは素より良くないことで、小図書館や分館などでは監視台の一方に成人、他方に子供を配置して何ら不都合は無いので、何も敢えて分離するに及ばない。それにも拘らず大勢は分離に傾いて居る。それにはまた理由があるので悪貨幣が良貨幣を駆逐すると同じように、子供は成人の読者を駆逐する嫌いがある。蓋し子供というものは音読したり、ガサガサ騒ぐを何とも思わぬものであるが、成人はそれを甚く苦にするもので、その結果は分離を余儀なくされるのである。更に一層有力なる原因は図書館の教育的職能を認むることと密接に関係して居るので、児童の読書を監視する必要のあることが明瞭になると、これを実行するには分離して居ないと都合が宜くないのである。

二　児童用図書の選択

特別の建物にもせよ、館内の隔離した一室に於いてにもせよ、児童室を設けるということが決定せられると、次に起こる問題は児童用図書の選択である。

現代図書館管理法に関する諸問題中、児童用図書の選択に関することほど盛んに論議されたものはあるまい。まず第一に道徳上から見て不都合のない限り児童の好んで読むものならばどんなものでも構わないという極く寛大な意見から、文学的価値のないものは悉く排除しようというすこぶる偏狭な議論に至るまで、種々雑多の意見が提出された。勿論道徳上有害な書物を避けるが宜かろうということに就いては異議のあろう筈がないが、しかしながらその善悪の境界を定める段になるとまたまた意見が一致しない。或る人は原始時代に於けるが如き、人類の苦痛を平気で傍観するとか、あるいは故らに他種族に属するものを苦しめて楽しむとかいうようなことを示して居る民間伝説《フォークテールス》を排除しようとするし、或る人は不必要な粗野な風習と思われるようなことを描いた物語類を境界の外に置こうとするし、また或る人は軍談を悉く排斥しようとするし、その他いろいろの意見がある。もしこれらの意見に従って非難のある図書を片端から排除して行ったならば、残る所は極めて僅少となるであろう。

そこでアメリカなどの実際家は、大抵の場合、宜い加減の所を標準として選択して来たのであるが、その選択された図書の目録が彼方此方で出て居るから、それらを照らし合わして見ると大体選択の標準が得られる。大体に於いて漸次感覚的な、不健全な、粗野な、並外れなものから遠ざかって、文雅なもの、真面目なもの、健全なもの、辞句の自然で解かり易いものに就く傾向が現われているのは喜ばしいといって居る。しかしながらここに注意すべきは、図書館以外にも児童が書物を得る道は幾らもあるということである。図書館員はややもすると図書館で選択を厳重にしたならば思うように児童の読み物を支配することができるという風に考えるものであるが、焉《いずく》んぞ知らん、そはたまたま他方に書物を需める路を開かせる機会となることを。図書館で選書を厳重にするが為めに、却って図書館で禁じたようなものを他から借りたり買ったりしてその感化を余計に受けさせるということであるならば、除外ということも余程考えものである。

真の統御は書物に対してよりも寧ろ読者の欲望を善良な方面へ指導することに由って得られる。児童の趣味が善く養われて、不道徳なものよりも善良なもの、馬鹿に誇張したものよりも本当らしいもの、肉感的なものよりも健全なものを喜ぶようになりさえすれば、所期の目的は達せられるのである。而してこの趣味を善良に導くということは、善く管理された児童室で行われるので、児童室係は図書選択係と相俟って互いに他の補充者となり、児童の趣味養成に努むべきである。要するに図書の選択は大切ではあるが、あまり厳格に過ぎては却って面白くない結果を招くこととなる。京都で開かれた御大典紀念全国教育大会に於いて文部省の諮問案の一たる「図書館巡回文庫を一層利用せしむる施設如何」に対する答申の中に、図書の選択に十分の注意を払うことという一箇条がある。これは洵に大事のことであるが、意味を誤解して偏狭に失してはならぬ。西洋では児童向きの書物で誠に手頃なものが既に沢山出版されて居るのに、我国ではこれぞと思われるものが殆んど無く、上に引用したような俗悪な豆本類が多くて非常に困って居ったのであるが、近頃自学奨励会から自学文庫の刊行を見るに至ったのは児童の読み物に注意する程度の高まって来た一徴標として大いに歓迎すべきことである。

三　指導と監視

読み物の指導、即ち適当な書物を児童に与え、あるいは児童を書物に適応させて、修養上の効果を多からしめるには、児童に接近して忠告を与えるのが最も有効であることはいうまでもない。児童室には児童用の簡短な目録を備えて置き、その意義と価値とを説明して、よく利用するように勧めるがよい。各児童の個性を観察し、知識的要求の差別を見分けて、それぞれ適切な処置を取る必要がある。図書館から借出して自宅へ持ち帰った書物は、些とも読まないで打ち遣って置く場合が多く、読んだにしてもそれは極く小部分で、却って取り残された僅少の図書が本当に読まれて居るということは、既に気の附いて居る事柄で、この弊風を除くにはしっかりした良い司書を任用するが最も有効である。取締りの手加減もなかなか大事なことで、静粛を極度に保たせようとすると却って厭気を起こさせるであろうから、何もそんなに厳重にする必要もないが、そうかといって放任して置けば直ぐに噪《さわ》ぎだして真面目な読者に迷惑をかけるであろう。児童係司書は女子を採用するが宜いが、児童に対して興味と同情とをもって居るということは大切な資格であるけれども、いわゆる「子供好き」の婦人必ずしもこの仕事に適して居るとはいえぬ。児童に対して最も強く、しかも善き感化を及ぼすものは、優雅温順の中に犯し難き威厳あり、その訓言のよく領会され、よく服従される人である。

適当な指導の下に家庭に持ち帰らせて、一家団欒《だんらん》の裡に読書させ、家庭生活の趣味を増させるのも、確に一良法ではあるが、しかしそれは館内閲覧室の不要を告げるものではない。前にも述べた通り、自宅では落ち着て読書すべき閑静な室をもたぬ子供が沢山あるから、そういう子供には図書館で読書するように勧める必要がある。またそこには適切な雑誌を備えて置き、それは館外帯出を許さないがよい。児童閲覧室は、小図書館では周囲に並べた書架で取囲まれた小さな空間があればそれで間に合うので、大きな建物のある所では別の一室をこれに充てると都合がよく、その場合は監視台の内に閲覧室を作るか、あるいは監視台の外に設けるか、二つの方法がある。監視台の内で読ませる場合には、児童は自由に書架から望む所の書物を引き出して閲覧することができ、唯自宅へ帯出しようとする時だけ記帳して貰う。監視台の外に閲覧室を作るときは前の様に自由に書架から引き出すことは出来ない、唯特に閲覧室備付のものだけが自由に見られるので、その他の書物は借覧手続をしなければならぬ。この二様の方案はそれぞれ長所を有って居るので、出来ることなら両方とも設ければ最も都合がよい。或る人は管理が出来ないという点から監視台の外に閲覧室を設けることに反対して居るが、しかしながら一旦記帳されて受け取った書物を直ぐにその場で読むために一室を与えてやるということは確かに有効なことで、そこに自由棚が設けて無い限り、別段監視の必要がないのである。

四　年齢制限問題

早期登館　次に来るは年齢の問題である。児童に特別の注意を払い、成人とはやや異なった取り扱いをするようになったのは上述の如く極く最近のことで、それまでは特に児童用の書物を備え附けるということもせず、成人と同様登館して閲覧を許されるのは十歳もしくは十二歳以上と規定されるのが普通であった。言うまでもなくそれ以下の年齢では図書館の提供する便宜を利用し得ないものと考えられて居ったのである。ところが児童閲覧室が設けられて見ると、年齢に厳格な制限を附するのは面白くないということが判って来た。八歳位の児童で相当に読み且つ会得してそれから利益を得るものが沢山あるのに。一方では十二、四歳になっても殆んど図書館を利用し得ないものが少なくない。しかのみならず図書館が児童の読み物を指導すべきものであるならば、出来るだけ早くから図書館に通う習慣を作らせ、図書の選択に就いて成るべく図書館員の指導を受けることに馴れさせて置く必要がある。読むことのできない子供に読み物を与えたところで何の益にも立たないのはいうまでもないが、美しく彩色をされた絵本を備えて置けば、子供は喜んで図書館に向かうであろう。ニューヨーク公共図書館では周到なる注意の下に選択された彩色読本が各児童室に備え附けてあり、それは借覧を許さないので、唯時々児童に観覧させる。これとは別に多くの絵本が集めてあり、読むことのできない幼童に貸与して居る。

子供はよく自分の弟や妹を伴《つ》れて出て来るものであるが、時としてはそれら弟妹の守りを言い附けられて居るので、自分は図書館へ入っても弟妹を帰らせる訳に行かないことがしばしばある。稚《おさな》い子供が仕方なしに黙然と廊下のベンチに腰を懸け、自分はその分配に与かることの出来ない多くの宝を窓越しに眺めて今にも泣き出しそうな顔をして居るのは実に可憐なもので、一度この光景を見れば如何に剛愎《ごうふく》な人でも惻隠《そくいん》の情を起こさずには居られないであろう。図書館規則に年齢の制限を存して置くということは更に理由のないことである。脳髄即ち精神の発達には年齢によって厳格な区別がないと同じように、図書館にも厳重な年齢の制限を置くべきでない。

年齢問題と脳髄の発達　精神作用の発達が脳髄の発育に伴うて居るということは別に事新しくいうまでもないが、然らば脳髄発育の有様はどんな風であるのか。脳髄、殊に精神作用の生理的基礎をなす所の大脳は灰白質と白質とから成り、灰白質は神経細胞の集まれる所で、外部に位する所から大脳皮質と呼ばれて居る。大脳は発育するに従ってその表面の皺裂《すうれつ》が深く且つ複雑になり、皮質部の面積を増すもので、この面積が多ければ多い程精神作用が完全になるのである。今脳髄発育の状態を見るに初めの頃は四畳体や脚や橋や延髄の部分、即ち中脳や後脳の部が非常に大きく、後に大脳となるべき両半球は前脳の一小部分たるに過ぎないが、漸次発育するに従ってこの両半球が次第に大きくなり、後方に延びて中脳や後脳の殆んど全部を覆うてしまい、頭蓋骨内の大部分を占領するようになる。されば脳の発達は即ち大脳の発達と見て差し支えないのであるから、脳の重量の増加する割合を見て大脳発達の状況を推知することができる。初生児の平均脳量は三百八十グラム位であるが、成人になると、その約三倍半即ち千四百グラム位になる。フイーアオルトの調査に依ると

年齢	男	女
初生	三八一	三八四
一	九四五	八七二
二	一〇二五	九六一
三	一一〇八	一〇四〇
四	一三三〇	一一三九
五	一二六三	一二三一
六	一三五九	一二六五
七	一三四八	一二九六
八	一三七七	一二五〇
一六	一四三五	一二七三
二〇	一四四五	一二二八
二五	一四三一	一二二四

の割合に発達して居る。我が日本の児童に就いて三島医学博士が調査せられた成績も、大体右と同じことで、初生児が三百八十グラム、満一歳が八百八十五グラム、二歳が九百〇八グラムから一千グラム、六歳から七歳の頃には千二百グラムから千三百五十グラムまでに発育して、もはや成人の脳とその量に於いて大差ない位になるのである。して見ると人間の精神作用も或る年齢に達して突如として現われて来るのではなく、次第次第に発達して来るものであるということができる。尤も或る特殊の精神作用が一定の時期に於いて現われるということは児童心理学の示す所に依って明らかであるが、それとこれとは別問題で、全体としての精神の発育はどこまでも漸進的である。こう考えて来ると学齢を一定して就学を強うるということも意味のない事になってしまうではないかという疑問も起ころうけれども、それは団体教育を行う所の学校の性質上已むを得ないことで、その形式的で強制的である所が即ち学校教育の特質であって、社会が学校以外に於いて学校教育の欠点を補うべき特殊の教育機関を要求する理由もまた実にここに存するのである。図書館は学校と唇歯輔車《しんしほしゃ》の関係を有《も》って教育の効果を大ならしめようとするので、形式的な学校教育に対する補償機関である。図書館の職能をよく領会すると、登館年齢を制限することの無意味であることが解る。脳の発達に厳格な区画がないと同じ様に、図書館の登館年齢にも厳格な制限を附すべきでない。

五　絵画標本類の陳列

選択の標準　児童閲覧室に於いて絵画その他の標本類を見せる方法はいろいろある。まず第一に児童閲覧室が美術館でもなければ、また博物館でもないということは大胆に断言して差し支えないので、従ってここに陳列さるべきものは、技巧の特に優れたところのいわゆる美術上の逸品というほどのものでなければならぬということもなく、容易に得られないような珍奇なものでなければならぬということもなく、また始終一定の所に陳列して置かなければならぬということもない。そうかといって余りに平凡なものや、技術の拙いものや、児童の趣味に適合しないものは見せた所で好い影響を与えるものでないから、それらは当然避くべきものであり、また取り換えるにしてもその方法に多少の考慮を費さねばならぬ。期するところはここに陳列された絵画なり標本なりが、どれも或る一定の事項に就いて児童の興味を喚起し、且つ望みの方向に児童の注意を向け得ることにあるので、選択の標準はこれから割り出されなければならぬ。即ち如何にすれば最もよく児童の注意を惹き得るかということが第一要件となるのである。

注意の法則　およそ吾等《われら》の注意作用はその働く様式の上から見て、無意注意《インヴォランタリーアッテンション》と有意注意《ヴォランクターアッテンション》との二つに区別することができるが、児童の注意は多く無意注意であり、図書館の期するところもまず児童の無意注意を惹き、これを機会として漸次有意注意を働かせるように仕向けて行こうとするのであるから、この無意注意が如何なる事情の下に生起するものであるかということを一通り考えて見なければならぬ。

無意注意は第一、刺激の分量に関係する。小さなものよりも大きなものは早く目に着く、五号活字三行位の広告は見落とされることが多いけれども、一号もしくは初号位の大活字で、しかも一頁大の広告がしてあれば大抵の人の注意に漏れない。第二、刺激の強度に関係する。秋の物悲しい夜ででもなければ砧の音は大して注意を惹かないかも知れないが、火薬庫でも爆発すれば大抵の人の注意を惹かずには済むまい。淡い月の光をうけて寂しげに咲いた月見草は、植物学者か歌人でない限り野路行く人の心に留まることは少なかろうが、数十燭光の電気灯ならば大抵の人の眼に着くであろう。第三、刺激の性質に関係する。美しい色、えならぬ香、たえなる音楽は然らざるものよりも人の心を惹くこと甚しいであろう。各人の趣味と密接の関係あるものは、たといその刺激が弱く且つ小さくとも、他に先って人の心を奪うであろう。殊に利害関係のあるものは一層甚しい。火事だと呼ぶ声は小さくとも寝坊の眼の覚ますに足りるであろう。大石良雄が泥酔の余り熟睡して呼んでも揺っても醍めない時に、コチと唯一度の鍔音《つばおと》でたちまち正気にかえるというのも、これで説明することができよう。第四、刺激の変化に関係する。小広告よりも大広告の方が人の注意を惹き易いのは普通であるが、場合によっては必ずしもそうでない。五号活字の並んだ雑報欄内の適当な場所にうまく組まれた数行の六号活字は、二号活字の標題よりも却って良く人の注意する所となるであろう。この呼吸を弁えて置くのは広告法の一つの秘訣で、慧敏《けいびん》な商人は随時これを実行して居る。一般に用いられて居る六号二号と云う言葉はこれから出たのであるが、何故この六号の小活字が二号に優る価値を得て来るかというと、それは変化が人の注意を惹くという事実に基づくのである。時計の音のカチカチには一向気が附かないで居るけれども、はたと止まれば却って注意される。この変化ということは最も大切な条件で、吾々は刺激の単調なものに長く注意を向けて居るということは到底できないのである。抑揚のない、内容の貧弱な演説は徒らに聴衆の欠伸を促すに過ぎない。トントン同じ調子に叩いて嬰児を眠らせるのも、節の単調なしかも半音の多く入った子守歌が、自然に背中の子を睡眠に導くのも道理は同じである。喧囂《けんごう》は人の眠りを妨げるのが常であるけれども、汽車の動揺と音響とは幾時間を出でない内に、乗客を華胥《かしょ》の国に運び去ってしまう。

されば図書館で絵画標本を見せるにも、形の大きい、色彩の鮮明なもの、児童の精神生活に関係あるものを、好い塩梅《あんばい》に排列し、しかも時々取り換えて始終新しい注意を惹くように努める必要がある。

無意注意を惹起すには刺激の変化が大切であるということを述べて置いた。実に変化は吾人の精神活動の最大要件であって、啻に無意注意ばかりでなく、有意注意に於いても長く同一の事物に注意を向けて居ることはできない。或る事柄に数時間も注意を持続したというような場合に於いても、仔細に調べて見ると決して連続的に注意して居ったのではなく、或る一定時間注意した後、暫時注意は消散して居り、再び前と同じ事物に注意するという風に、断続的に行って居ったものに外ならぬということが実験心理学者に依って確かめられた。されば刺激の新奇ということは注意の第一要件であるといって差し支えないのである。しかしながら余りに新奇に過ぎると却って注意を惹かなくなるということをも知って居らねばならぬ。世人にややもすると注意の度合はその対象の新奇なることと正比例するように考えることがあるけれども、事実は決してそうでない。新奇な事物が吾等の注意を惹くためには、その新奇なる事物の一部分が既知の観念と関係をもって居なければならぬ。何ら機械学の智識のない者が博覧会見物に行って、多くの精巧なる機械の陳列されて居る室を通っても一向注意を惹かないであろうし、従って後に人から聞かれても何の記憶も残って居ないであろう。嘗て英国の水夫が颶風《ぐふう》に遭うて北氷洋のエスキモー人の住んで居る海岸へ漂着したその時、彼ら想うよう、こんな小ぽっけな小屋にきたない獣皮に包まって住まって居る土人に我が本国なるロンドン市の繁華を見せたならば、どんなに驚くであろうと。そこでエスキモー人を連れてロンドンに帰り、一日中市内を引き廻しはしたが、彼らは一向に驚きもしなければ感心もしない。広いロンドンの町中で彼らの眼に触れたものは僅かに犬だけであった。否、眼に映じ耳に触れたものは数知れず多かったに相違ないけれども、それ等は単なる感覚的印象に止まり、これを類化すべき材料を何も持って居なかった為めに知覚されずに終わったのである。成人の眼には面白いと思って子供に与えても、子供は何らの感興をも惹起さないことがしばしばある。

以上に依って注意作用の起こるには外来の刺激を受け容るべき要素が吾々の内界に存在して居なければならぬということが明らかになった。比の点を今少し進めて行くならば、吾々が意識の上に思い浮べて居る事柄と縁のある事物が感覚器官を刺激するときには、一層強く注意さるべきは当然のことと考えられる。即ち注意はその当時の意識状態と密接なる関係を有するもので、前に述べた四つの条件に心理学者は名を与えて客観的条件といい、ここに述べるその当時の意識状態のことを注意の主観的条件と呼ぶことがある。(刺激の性質と注意との関係は少し深く考えて見ると、つまりは各人の性向、趣味、境遇、職業、さては教育程度の如何等によって、数ある刺激の中で選択作用が行われるのであるから、条件を客観的と主観的とに分けるならば、それは寧ろ主観的条件の内に数うべきであるが、ここには心理学の系統的叙述を試みようとするのでないから、しばらく説明の便宜に従ったのである)。繁を厭うて詳述は避けるが、驟雨でも来そうな天気だと思って居ると、遠くで鳴ったごろごろの音もありありと聞き取られる。何か宿題でも出されてその答案について考えて居るときには、多少でもその問題と関係のあることは、平素には一向気のつかなかったことまでも著しく注意されることは誰しも経験のあることであろうと思う。して見ると絵画や標本を見せるにしても無暗矢鱈《むやみやたら》に出したのでは効果が少ないので、児童の思想状態に注意するということが必要になって来る。

教科教材の排列統合と陳列　教科および教材の排列統合は教育学上重要なる問題で、ヘルバルト派の驍将チラーが出て開化史的階段主義を唱導し、中心統合主義を力説して以来、賛否の議論続々現われ、教授論の中心問題となり、種々の統合法が案出された。現時に於いてもこの問題は決して落着して居るのではなくて、理論家に依っても実際家に依っても始終研究され実験されて居るので、教育という現象の存続する限り永遠に続く問題であろうと思う。しかしながら今の所では学校教育に従事する人々の間にのみ研究され実行されて居って、教育者以外の人は一向知らずに居る。恐らくこの問題はいやしくも教育者たる以上必ず知って居ることで、教育者以外には少しも顧みられて居ないものの一つであろう。然るに図書館もまた一種の教育機関として現われ、学校と協同する以上、この問題をも多少は考えて見なければならぬ。尤も図書館が形式的な学校教育に対する補償機関《コンプルメンタリーマシーン》としての職能を顧みると、余りに形式的に流れるのは却って本来の特色を没却することになるし、また実際上に於いても学校では多くの学級に属するものを図書館では一室に於いて取り扱うのであるから、厳密な統合の出来よう筈はないが、そうかといって児童の思想界と何ら関係を有しないものを出して置いた所で利する所はない。それは前々述べて来た所で明らかになるだろうと思う。されば児童図書館管理の任に当るものは、その区内の学校に就き、各学年に於ける教材配当の状況を調査するか、あるいは学校側から通知を受けて表を作って置き、教授の進行に応じ学校で教わる事柄と関係のある絵画なり標本なりを示すようにしたら、児童の注意をよく惹くことができ、児童はそれに依って学校で学んだことを一層確実にし、且つ該博《がいはく》にすることを得るであろうし、一旦この利益を経験すると児童は自然図書館に集まるようになるであろう。図書館のよく利用されるのは、やがて学校教育の効果を大にすることになるのである。

要するに児童図書館に於ける陳列は、折々時を定めて行うことにすれば最も効果が多いということは争われない事実で、一つの動かすべからざる原理といってもよかろう。而してこれを補う第二則として学校の教科と連絡を保つことにしたら一層効果が多かろう。これは元来装飾を目的とする壁画に就いても同様にいわれるのである。一度に余り多くのものを見せると却って注意を散漫にするし、同じ一つものを長く連続的に出して置いてはその効果を弱めるものであるが、日本人はこの呼吸をちゃんと呑み込んで居ると言って英米人が甚くこれを称讃し、陳列法に就いては日本人に学ぶ所があるといって居る。なるほど、そういわれて見れば我日本の風習として客間の掛物は時折取り換えられるし、床の間は四季折々の花で飾られる。何でも彼でも西洋の模倣でなければならぬように思うて、こってりした一つ油絵を何時も同じ所に掲げて置くのを以って最も進歩した方法であるかの如く考えて居る人々には頂門《ちょうもん》の一針《いっしん》といって宜かろう。

展覧と講話　書物や講話では稚い子供に十分了解させることのできない復雑な事件や意味の深い事柄でも、絵巻物にして見せると唯一度の直観に依って会得させることができる。それでアメリカなどではかなり高価な材料と多くの日子《にっし》とを費やして、非常に精緻なものを作って居るところもあるが、しかし多くの場合に於いてそれから児童の受ける利益は、その製作に要した費用と労力とに十分酬《むく》ゆるには足りないらしい。殊に美術家ならざる図書館員が幾ら骨を折った所で、出来上ったものは依然素人臭味を帯びて居って大して見栄《みばえ》がしない。随って児童の感興を惹くことも少なく、余り好い影響もないらしいから、やるなら極くざっとしたものに止めて置き、余り緻密なものには手を出さぬが得策であると一般に観ぜられて居る。しかし絵を見せることそれ自身に於いては善いに極まって居るのであるから、時としては篤志な美術家が無料で製作を申し込んで来ることもあるが、そういう場合には喜んでその好意を受くべきであって、その出来上りたるものが大いに児童の感興を惹き、少なからざる教育的価値を有することはいうまでもない。絵画写真等の一群の供覧物は、或る特種の出来事を示す場合でも、年中行事中の一を図解せる場合でも、あるいは単に何か一般的興味を刺激しようとする場合でも、いずれにしても時々取り換える必要がある。分館組織を有する所では、それらの分館へ巡廻させるがよい。

博物標本類の展覧に於いても同様であって、何ら一定の目的なく、単に珍しいだけで手当たり次第に集めたものは、殆んど何の価値もない。別に博物館のない小都会の図書館などでは空室のある限り地方特産の鉱物や昆虫類や鳥類などを集めて始終陳列して置くのも宜かろうが、しかし一般的にいえば、何か、ある範囲の事項に関するものを時々取り換えて見せるのが最も効果多き方法である。その場合には、それと連関して絵画展覧会を催すのも面白ろかろうし、講演会を開けば一層景気を添えるであろう。それ等の材料は実業団体から借りるとか、博物館のある都会ならばその博物館から一定期間借りるとか、その他いろいろの方法で集められる。ニューヨーク公共図書館の各分館では、同市の博物館から借りて展覧会を開くことを多年実行して来た。その内の一例として北極展覧会を挙げ、これに就いて少しく説明を加えて見よう。これはエスキモーの日常の器具や衣服類のあらゆるもので組み立てられ、二個の剝製した白熊の仔や、美しい毛皮の衣や、ピアリー中尉の作った真物の橇《そり》や、多くの北極写真などもある。時々或る一定の標準に依って集めた児童に対して北極探険談やエスキモー物語りなどを話して聴かせ、一人の図書館員は一揃の毛皮の衣を着けて追加展覧物として興味を添える。こういう様なことは英国人の評して馬鹿気た真似だというて居ることであるが、しかしながら、その結果は北極地方に関する児童の興味を著しく高め、北極探険に関する書物は大変よく読まれるようになった。展覧会の催された地方に於いて恐らく永久的に教育的効果を有する所の斯かる結果は他の方法では決して得られない所のものである。

この場合に於いて書物を見せ附けるということをしなかったのは一寸注意すべきことである。この種の展覧会が観覧人を書物に導くことをしないならば、その本来の意義を没却するものであるということは論ずるまでもないことであるが、しかしそれは余り無理強いにしない方が効果が多いらしい。ニューヨーク市の図書館に於いて教育課の主催で開かれる講演会の場合には、講演終了後半時間ばかり図書館を開いて置き、該講演に関する書物はこの図書館で得られるから随意帯出然るべき旨を講演者が聴衆に告示するのを常として居る。これらの講演がその演題に関係ある書物の流行を刺激するということは疑う余地のないことであるが、講演後直ちに借覧されるということはこれまでには殆んどなかった。或る講演の後ちそれに関する書物が二冊以上出たということは稀なことで、時としては一週間位経過してから初めて借覧者の出ることもある。図書館ではその展覧会や講演会の刺激によって借覧を申し込まれるであろうと思われる図書を相当に準備して置く必要はあるが、その場で直ぐに手渡しするということは、観覧者なり聴衆なりを喜ばせるよりは寧ろ厭がらせる傾向があるらしい（この点英国人とやや観察を異にして居る）

六　お噺

前には展覧物の供覧と同時に談話で活気を添えると効果の多いことを述べ、しかもその場では余り書物を強いない方が却って読書率を増加することになるらしいといっておいた。こういう現象はまたお噺の場合にも同様である。図書館で聞くお噺の目的が書物に対する興味を喚起するにあることはいうまでもないが、しかしながら或る特殊の書物を判然と名を指して広告したり、これをお読みなさいといって無理に強いたりなんかしないでも、その目的を達する手段は幾らもあるであろう。適切なお噺は児童の興味――即ちヘルバルト派のいわゆる経験的興味や推究的興味を喚起して更に博く且つ深く調べて見たいという智識的欲望を盛んにするであろうが、一度この欲望が起きて来さえすれば、あとは何の世話も要らないので、唯この欲望を満足するに足るべき書物をどしどし貸し与えさえすればよいのである。時としては折角のお噺が善良なる書物へ児童を導くに幾らか都合が好いという位な極くぼんやりした一種の気分を作り出すに過ぎない結果に終わることもある。しかしまた斯かる一連のお噺が或る事項に対する興味を喚起し、それがまた児童のそれまでは一向知らなかった著者の作物に注意する手引となって、次第に新しい書物に興味を進めて行くようになることも決して稀ではないのである。

図書館に於けるお噺の真の任務は何であるかということは、これまで随分囂《かまびす》しい議論の種となったもので、或る一派の人々には、たといそれが全然不要でないにしても、少なくとも時間の徒費であるとさえ考えられたのである。なるほど従前某々の図書館で実行されたようなお噺しであるならばこういう非難を受けても已むを得ないが、しかしながら適当な人により、綿密な注意の下に行わるるお噺が現代児童閲覧室経営上極めて有益なる補助を与うるものであるということは殆んど疑う余地が無いのである。

お噺をするに当たっては、そのお噺を聴くべき児童の群《グループ》の選択、並びに各群に対して適切な話題の選択は共に極めて大切である。一群は二十人ないし四十人より超過してはならないので、従ってその選択が必要事件となって来る。出席を奨励する為めに図書館に於いて他の模範となるべき児童に賞品を呈したり、あるいは出席者には帯出書の遅返その他の過料を免除したり、その他種々の方法を用いて居る所があるが、それらはどれも良策とは云えない。先に来たものは先きに入れるというのもまた良くない。結局図書館員の考えでその日のお噺を最もよく了解しまたそれから最も多くの利益を受けるらしく思われる児童を択抜《えりぬ》くのが最良策であるということになるのであるが、そうするとその選ばれた一群の各員は大体年齢を等しうし、学年も大抵一致することになるのは当然のことである。学校教師の方で選択して貰うことにすれば大層好都合であり、殊に話の題目が学校の教科と連関して居るような場合には一層便利である。これは単に図書館の方で便利なというだけではなく、学校の方でもまた利益なので、これがうまく行くならば、前に述べた教科教材の統合上大いに益する所があるだろうと思う。

お噺の効果の良否は、勿論他の何よりも、出演者の人格と技量とに負う所が多い。誰でもお噺が出来るというような訳に行くものでないことは言うまでもないが、いわゆる話好きであると人も許し自らも信じて居る人、必ずしも、この仕事に適して居るとは限らない。丁度これはいわゆる子供好きの人、必ずしも児童室係として適任でないと同じである。

宮城県立図書館では大正四年十一月以来毎月一回児童お伽講演会を開いて来たが毎回数百人に及ぶ盛況である。仙台市内には幸い講話に趣味を有する人があり、特に児童に深い趣味を有する所から、同会の中心となって毎回講壇に現われ、これに師範の附属や市内小学校の訓導で加勢する方があり、趣味と教訓とに富める話で来集の児童に大なる感化を与えて居る。尤も同講演会に就いては、組分けその他改良を要する点も尠くはあるまいが、しかしながら何事も始めから全きを望む訳には行かぬのであるから、発展の第一歩として私はこの挙を価値あるものとして推奨するのである。

七　注意を要する事項

図書館に於いて児童の為めに特別の設備をすることに就いては、英米に於いてもかなり頑強な反対意見が表われた。その中にはなるほどと肯かれるものもあり、賛成側の人に取っても一顧の価値あるものがないではない。この新運動が全然常規を逸したものであり、単に一時の馬鹿気た流行に過ぎないというような偏見は、これを立証しようとしてつまらぬ事柄を集めて来た所で最早到底維持することは出来ないのであるから、そんなことに就いて無駄な弁論を費すことを望まないが、しかしながら現にアメリカの図書館で今も尚行われつつあることで、どうも感心の出来ないことのように思われる二、三の点に就いて少しく弁じて見よう。

過度時代の読み物　まず第一に児童期というものは、ほんの当座のもので、更に永久的（無論比較的の意味で）なる成人期に進み入る準備に過ぎないということを明確に了解しないで、単に児童として取り扱って居る諸般の施設は、十分注意して精細なる吟味をなす必要のあることと思われる。多年の間同じ位な年齢の児童を取り扱って居るものは、児童というものは成人とは全く異なったものであるという風に考えることを免れないものである。逝く川の流れは絶えずして、しかももとの水にあらず、清き流れの石に激して湧き起こつ徒波《あだなみ》は絶えず変らぬものと見えるけれども、それは勢いよく流れ去る水の異なる分子から成り立って居るので、一瞬間毎に変わって行くのである。図書館員は児童閲覧室に於ける今日の児童は明日の青年処女であることを忘れて居りはしないか。児童の為めの図書や、展覧物や、お噺など総べてのものが、成人期に移り行く彼らの進路を便利にするというよりは、却ってその進行を妨げる傾向を有って居りはしないか。これは実に重大な問題であるが、しかしながら、これをよく了解し、この重大な問題をよく会得するならば、そはやがてこの問題に対する満足なる解答に導くのである。児童は漸次成長するに従って、極く幼稚な子供向きな書物ばかりの児童閲覧室よりは、寧ろ成人向きの開架図書館からずっと余計の利益を抽き出すであろうが、彼らに読ますに最も適当であろうと思われる成人向けの書物を児童閲覧室の書物の中に含ませて置くのは訳なく出来ることで、最も効果の多いことと思う。児童閲覧室管理の任にある者が、まさに児童期を通り超えようとして居る過渡時代の児童の要求なり欲望なりを適当に了解するということは実に望ましいことである。現代の図書館は殆んど一様にこの問題を顧慮するようになったといっても決して過言ではない。

監視の程度　図書館に於ける児童の監視が余りに行き届き過ぎて居りはしないか。始終何も彼も指示するよりは寧ろ彼ら自身で発見するように子供に委して置いた方が良いのではなかろうか。およそ知的情操の内に於いて自己の発見に伴う喜悦に勝るものはない。少年少女が彼かこれかと多くの書物を漁って居る内に、偶然世界の名編傑作に出会し、しかも自分ではその書物に対する世人の評価の如何は一向知らないで、唯手に触れたというだけで繙いて読んで見ると非常に面白いので、これを賞翫《しょうがん》し、これを愛読し、遂にその書物を特別の智嚢《ちのう》として一生涯放さないようになることもあろう。自分で見附け出したという自信と喜悦とがここに至らしめるので、もしも前以って他人からその書物を読むべく勧告されたり、あるいはその名編傑作であることを説明されたのであったら、なかなかそんな風には行くまい。昔ギリシアの雅典《アゼンス》「アテナイ」にアリスティデスという正義の士があって、始終熱心に正義の鼓吹に努めて居ったが、その言うところが余りに執諄《しつこ》いので、到頭市民の嫌悪を買い、最早正義を聞き厭《あ》きたという廉《かど》で追放の刑に処せられたことがあるが、丁度それと同じで、この書物は是非熟読を要するものであるからといってそれを読むことを勧告されると却って反抗の情を起こすことのあるものである。これまた一大難点に相違ないが、しかしながらこの非難はその経営当を得ない児童閲覧室にのみ該当するもので、経営さえ良ければ敢えて苦にするに及ばない。発見の喜びを経験する為めだといって、何も発見者が全く偶然の機会で出会すのでなければならぬということはない。一友人が、一時間の後には夕陽《ゆうひ》に赫《かがや》く山水の偉観が忽焉《こつえん》として我が眼前に現わるることを知りながら、斯くと告げずに何気なく我を誘うて散歩に出掛けたとすると、その友人は自分が唯足の向くがままに彷徨《さまよ》いつつ偶然に出会して感ずると全く同じ快感を私の為めに準備してくれたものと言える。書物が児童に与える驚異の感もまた同じで、知的発見の楽しみを児童から奪い去らないようにするには、これと同様の準備を必要とする。かなり多くの書物を架上に並べ、適当に管理された閲覧室は、野外に遊ぶ子鹿が嫩芽《わかめ》を摘取るが如く、彼れこれと漁り歩く機会を児童に与え、あたかも前に述べたような発見を得しめるであろう。

開館時間　前には過渡期の読み物と監視の程度とに就いて注意を促して置いたが更に他の方面から来る抗議に就いて少しく考えて見よう。

時として学校教師側から持ち出される抗議は開館時間の問題である。図書館は学校教科の外に児童の心を奪うべき読み物を彼らに与えるから、学校課業の妨害をする、娯楽休養は必要であり、しかもそれは大部分身体的のものでなければならぬのに、子供が屋外で遊戯すべき時間に図書館では彼らの眼を読書に用いさせ、読んだことを会得するために心を労らしめる傾向があると言われて居る。或る学校の教師はこの理由に依り昼の休業時間中児童閲覧室を閉鎖するように、附近の図書館へ頑強に申し込んだこともある。
　これに対するアメリカ図書館員の考えはすこぶる積極的である。彼らは曰う、我ら図書館員は図書館と学校との間に密接な協同を要する有力な理由を有って居るが、学校に出席する児童のために図書館の利用を中絶すべき理由を有たない。まず第一に児童は身体的娯楽と同時に精神的娯楽を要求する。この二者は適当な比例を保つべきもので、一方のために他を放棄してはならぬ。学校時代の児童に対しては学校教師並びに保護者と相談の上で、児童が一定期間自宅へ帯出すべき娯楽的読み物の冊数を制限するもよかろうし、学校児童が図書館に留まる時間を一日幾時間以内と制限するも良かろうが、図書館の利用その物が、形式的な教育法即ち学校教育に依る児童精神の適当な発達を幾分でも妨げるであろうというような考えは、それが単に誤謬であるばかりでなく、実に危険な考え方である。こういうのが彼らの常である。

児童閲覧室と児童向作業　ここで児童閲覧室に於ける作業と児童に関する作業との異同を一言するも敢えて不当ではあるまい。この両者はややもすると混同して考えられるものであるが、しかし必ずしも同一であるとはいわれない。大図書館ではそのために設けられた児童閲覧室以外に於いて児童に関する作業を沢山実行して居る。即ち学校へ図書を送り出すし、また図書分配所（閲覧室を設けず、唯本館の図書を取次ぎ出納する派出所様のもので市外到る所に設けらる）へも配布する。前者の全部と後者の相当の部分とは児童に読まれるのである。児童はまたその父兄が借出して帰った書物を大抵は見るであろうし、その中の多くを読みもしよう。されば児童閲覧室で実行するところは図書館が児童に対して行う事業の全部を代表するものではない、とはいうもののそれは形式的に行わるる総べてのことを包含するのである。即ち閲覧室以外に於いて行うことに就いては形式的にやることが出来ない。それで児童図書館管理の任に当るものが、児童は他の図書館の書物にも接近するものであるということと、彼らの多くは閲覧室以外に於いて書物を見るものであるということとの二つの事実を見遁《みのが》さないならば、彼らは今一層徹底した考えを以って事業に膺《あた》り、更に良好な成績を挙げ得るであろう。

八　閲覧室内の取締

閲覧室内の諸般の設備を児童の趣味に適するようにし、居心地の好いようにして、自由に楽しく読書せしむべきはいうまでもない。これに於いて考うべきは取締法である。

規律と自由　自由は素より望ましいことであるが、それは無規律を意味するのではない。規律なき自由はいわゆる放縦であって真の自由ではない。真の自由の裏面には必ず規律が潜んで居るので、この両者は互いに背馳《はいち》するものではなく、常に相伴うて居るものである。そこで各児童に自由に楽しく読書させるためには、或る程度まで規律を重んぜしめる必要が生じて来る。

規律といっても、学校の教室内に於ける規律の如く厳格でなければならぬというのではなく、またそう厳格にすべき筈のものでもないのであるが、閲覧室には閲覧室相当の規律を必要とするというのである。児童図書館本来の性質上多少の喧噪は避くべからざることなので、それが図書館雑音《ライブラリーノイズ》である限り別に邪魔にはならないのである。即ち出納台で書物を貸出す時に記帳したり、返した書物を帳簿から取消したり、書架から書物を出して選択したり、また時としては注意しあったり、批評しあったりする様なことによって起こる所の物音は、即ちいわゆる図書館雑音で、大した苦にもならぬのであるが、何の目的もなく飛び廻ったり、書物に関係のない雑談を交えたりすることから起こる喧噪は大いに閲覧者を妨げるから、これらは十分制止しなければならぬ。この喧噪が成人の読者に妨害を与えるということが、児童室を普通閲覧室よりずっと引き離すか、少なくとも十分な隔壁で仕切らなければならぬという議論の根拠となったのである。

倶楽部　図書館で規律を守らせ、家庭へ持ち帰った書物を大事に取り扱わせるには、所有権並びに責任の感じを徐ろに児童に吹き込んで行くのが一番好い。それには幾らも方法はある。その内最も効果の多いのは自署法であって、図書館の規則を遵守すべく、図書その他の物品を大事に取り扱うべきことを誓う簡短な言葉の書いてある宣誓簿の各頁へ、児童をして銘々自分で名前を記入せしむるのである。署名に先ちてその誓詞を高らかに読ましめるのであるが、この些細な形式的のことがなかなか不思議な程の効果を有って居る。またいわゆる図書館同盟《ライブラリー・リーグ》を組織し、各員銘々宣誓簿に自署し、一定の徽章《きしょう》を佩用《はいよう》せしめることに依って好結果を得た所もある。唯この同盟《リーグ》なり、倶楽部なり会《ソサエチー》なりを児童の間に組織させることは十分な監督を要する。児童閲覧室を中心として少年少女の面白い倶楽部が組織され善良なる読み物に対する多大の興味が喚起され、非常な成功を収めた例は少なくないが、これらの団体は一寸考えるよりはずっと余計の監督を要するもので、充分に監督をなし、指導を惜しまないだけの時間と技量と熱心とを備えて居ない図書館員は、寧ろ初めから手出しをせぬ方が却って得策であるらしい。

児童室の構造　児童閲覧室の形状や位置や設備などは図書館の大小によって異なって来るのであるから、一口にいってしまう訳には行かぬが、特に注意すべき二、三の点をここに述べて置こう。児童室の書架はなるべく周囲の壁に沿うて並べるがよく、それも余りに形式に拘泥《こうでい》せずして、こじんまりした家庭の気分を漾《ただよ》わして置くようにしたいものである。この目的のために米国あたりでは炉を設けて置くと効果が多いといわれて居る。小さな閲覧室ならば書物の出納を取り扱うのに普通の平面の机さえあれば事は足りるが、全く分離された大きな閲覧室では普通成人向き閲覧室と同じ様な出納台を設けるがよい。児童が非常に多勢で且つ制御し難く見ゆる場合には、机の内側の空間と、外側の通路との間をかなり高い硝子戸で仕切って、それを超えて書物の授受の出来ない様にするがよかろう。普通の図書館ではそれ程にまでする必要もあるまいが。

以上本章の記事はアメリカで現に実行して居ること、もしくは同地の図書館学者の懐《いだ》いて居る考えを、主としてボスウィックの著 American public library に拠って述べたが、私見を以って取捨し増補したところも多い。

第五章　小学校と図書館（下）

第三節　英国に於ける学校と図書館との連絡

一　英国の学校図書館

米国の図書館員が児童に向かって実行して居る所の諸活動は、如何にも積極的で大仕掛で、ニューヨーク公共図書館の如き児童専用図書十五万冊を蔵し、一ケ年の貸出総数二百二十万冊に上るという有様であって、経費が潤沢であればこそ斯ようなことも出来るので、経費の乏しいところでは到底模倣《まね》ることもできないという感じを起こさせる傾向がないではない。その設備の完全であり、その組織の整備して居るところを見れば、その効果の偉大であるべきは何人も推定に苦しまないところであり、理想に近き一実例として吾等図書館関係者の注意を惹くこと多大であるが、顧みて彼我経費の差の甚しいのを思うと、実施の模範としては寧ろ懸隔の大なるを憾《うら》みとする。然るに一度び大西洋を渡って英国の状態を見ると、その国民の保守的であり、着実であるところから、児童図書館の施設に就いても米国に於けるが如く人目を眩惑せしむるものは少ないかも知れないが、その代りに吾等日本人に実行の模範を与える点に於いては寧ろ適切でありはしないかという感じがする。今英国の学校図書館の概況を述ぶるに当たっては、レー氏の著『公共図書館管理法』の趣旨を経とし、他から得た材料を緯として織り込んで行こうと思う。

学校図書館の目的および効果　レー氏は述べて曰う、我が小学校を卒業する少年少女の大部分が、生活の資を得んがために何らかの職業に就かねばならぬので、学校卒業を以って読書時代は既に終わりを告げたものと考えるのは、実に嘆ずべきことである。彼らは長い間教科書に縛られて居たので、今やその束縛を脱し得べきを悦び「吾等の教育は完結せり」という自信を以って勇んで社会に出て行くが、二三年を出でずして、その誤りであったことに気がつき、機会だにあらば教育的修養の欠陥を補わんことを努めるようになる。

そもそも学校図書館設置の目的は在学生徒に面白き書物を読ませて彼らを楽しませるにあるのであるが、それはやがて児童をして娯楽並びに修養に関する書物に親しましめ、更に彼らが学校を卒えたる後に於いて公共図書館の閲覧者たらしめるものである。現在のところかなりの成功を収めては居るが、しかしながら図書館員のあらまほしく思う学校図書館の施設に対して、或る種の障碍の存するのは誠に慨しい。

反対意見　学校図書館設置に反対する第一の理由は、学校の課程が、教師の講義する教科書以外の書物を児童が読むとか研究するとかいう時間の余地を存して居らぬということ。第二は図書館の書物は通例教科書よりもずって趣味に富んで居るのが常であるから、多くの教師は、生徒の図書館利用を真向から抑制はしないにしても、少なくともそれを奨励しようとはしない。一体学校の成績なるものが、その卒業生で高等の学校もしくはその他の試験に及第したものの多少に由って評価され、殊にその数の多きに従ってますます監督官庁のお気に入り、経費配当の場合に便宜を得るというようなことの決して稀でないという事実を顧みたならば、教師が如上の態度を採るのは何も怪しむに足らぬ。

学校図書館の現況　ロンドンでは、学校は州参事会《カンチーカンシル》の監督を受け、公共図書館は市参事会《ボローカンシル》の監督の下に立って居る。それであるから市参事会はその管理の下に学校図書館を設立することを為し得ない。しかしながら各学校ではそれぞれ図書を備えて居るが、監督官庁から受くる所の経常費の配当額は至って僅少であって、図書館はあれどもなきが如き状態である。

地方では公立学校図書館が二重監督の下に立つというような不利益がない。学校も図書館も同一官庁の監督の下に立って居るので、公共図書館と協同するに都合がよい。十九世期の末葉学校図書館の急激に増加せんとする勢を示した時に図書費は学校側で負担し、経営上のことは公共図書館の方で尽力するようにというので、色々の計画が現われたが、当時は未だ公共図書館が教育上の必要機関であることを認めなかったので、いつも教育者の方から拒絶されたのであったが、一九〇二年の教育令に於いて学校図書館を奨励したので爾来面目を一新するに至った。今では公共図書館と連絡を有つ所の学校図書館の優良なる組織が現れた。而してそれ等の学校図書館が善き働きをして居るということは、学校生徒に由りて広く利用されて居る事実に徴して明らかである。

二　学校図書館と公共図書館との連絡

学校図書館　公共図書館の蔵書を学校に貸与して学校図書館《スクールライブラリー》または、教室文庫《クラスルームライブラリー》を設ける協同の方法は米国のクインシー市で初めて企てられたので、それは一八七六年のことであったということは前に述べて置いた。これより後るること八年即ち一八八四年（明治十七年）に、ヨーク州のリーズ市に於いて、図書館税を以って購入した公共図書館の蔵書を借出して学校図書館を設け、第四級以上の生徒に借覧を許したのが、英国に於ける両者協同の嚆矢であるといわれて居る。当市は人口四十三万余を有する都会であるが、最初は公立学校だけに設けて居ったのを、爾来十年の後にはその特権を私立学校にも及ぼし、現今では市内に約四十の学校図書館を有して居り、その総冊数約八千冊に上って居る。児童用図書目録も出来て居り、各館に備えてある。リーズの実施に後るること四年即ち一八八八年（明治二一年）には英蘭土《イングランド》の南端、デヴォンシャーの軍港で人口十余万を有するプリマス市に於いて同様の事業が開始され、今では十五館を算するに至った。ここでは学校図書館の書物が時々取り換えられる。以上は学校に附属した図書館で、その蔵書は公共図書館から供給されるけれども、設備費は学校の負担である。これと大体に於いて似て居るがやや趣きを異にして居る一種の組織に、公共図書館の分館として学校を充てるものがある。

学校分館　プリマスに於ける実施の翌年、即ち一八八九年には人口十一万余を有するノリッジ市に於いて二千八百円の醵金《きょきん》を得て三千六百冊の図書を購入し、市内各小学校に配布して三十八分館を設けた。而して各分館の管理は各小学校長がその任に当たり、教員は無報酬で館務を処弁することに規定された。その計画は良かったにも拘らず、この地の図書館は十分発達しなかった。この種の分館制度は人口稠密の度が比較的に稀薄であるか、あるいは市坊の形状の如何によって中央図書館を距ること遠く、通館の不便であるような都市に於いて多く実行されるので、例えば一八九五年（明治二十八年）の開始に係るバローインファーネス分館の如き即ちそれである。当市はランカシャーの海浜で人口六万を有する工業都市であるが、同地では一個の公立学校を分館として指定し、二週間毎に書物を交換して居る。ここでも本館から図書を借出しまた定期に本館へ還付するのは校長の責任であり、教員は無報酬で閲覧事務に当るので、事実上学校図書館と異ならぬのである。

ロンドンの東郊外なるウエストハム市に於いても小学校と協同の必要を認め、同市図書館委員が発起者となって学校側の協同を需むべく大いに勧誘した。該委員の考えは、まず少年用図書を公共図書館費で購入し、各校へ二百冊宛配置し、必要に応じて修理し、損傷甚しければ取り換えることにし、その運搬費も図書館で負担するから、書架だけは学校側で準備するようにし、保管の責任は学校長が負うことにし、従って学校長は図書の選択等に関しては遠慮なく意見を述べて図書館長の参考に資し、図書館長は臨時学校を訪問して意見の交換をなし、これによって両者協同の実を挙げ、生徒をして自由に――即ち面倒な手続をせずに愉快に閲覧せしめるようにし、斯くして児童の読書趣味を涵養《かんよう》し、学校卒業後公共図書館を十分に利用し得る素地を作ろうとするにあった。同市の計画ではこれら各分館の図書を巡廻交換することが規定してないが、もし各館の間に組織的交換が行われるようになったら、ほとんど理想に近い方案になるのである。ダーウェン市で実行されて居るのは即ちその一であるが、それは後に述べることにしよう。

経費問題　レー氏は曰う、地方の都会では学校図書館を学校の一特色《フエーチヤー》として居るのが多いが、しかしまた資金欠乏のためこの進歩せる計画を実行し得ない所も少なくないと。例えばウェールズにポンティプリッドといって人口三万余を有する町があり、そこの一学校長は自分の管理して居る学校に図書館を新設しようと企てていろいろ運動して見たが遂に成功しなかったので、今度は中央図書館へ交渉して、生徒がその図書館から書物を借出し得る特権を与えられんことを懇請したが、これまた図書館の資金欠乏のため拡張の余力なしとの理由の下に破談に終わるの已むなきに至った。またドーヴァー海峡の名に由って誰も知って居るドーヴァーの西南五マイルを距る海浜の地でここもまた人口三万ばかりのフォルクストン市の当局者は、或る特殊の者即ち学校在籍生のみの使用に充つるために、一定期間内公共図書館の蔵書の一部分を館外に貸出し、またはこれがために幾分でも経常費を分割するということは図書館条例に違背するものであるといって、学校と図書館の連絡に反対した。これは法規上の曲解から両者の協同に反対する唯一の実例として始終頑固派の引き合いに出されるものであるが、この外にはこんな頑固な議論を固執するものは殆んどない。図書館が学校と協同するのは単に学校側に利益を与えるだけではなく、それはやがて図書館の利用範囲を拡張することになるので、図書館存立の意義を十分に徹底させる所以であると一般に観ぜられて居る。唯何事も慎重な態度で臨む英国人固有の気風と、一つには資金の潤沢でないという已み難き事情の下に、米国人のやるような大袈裟な派手なことを差し控えたり、主義としては良いことと考えても経費の都合で実行を延期したりすることがあるのである。ウスター州の北境にキッダーミンスターと称する人口三万未満の小都会があり、この町では既に数個の小図書館が設けられて居ったが、内容は素より完備したものでなかった。そこで公共図書館長はこれらの小図書館の蔵書を一旦公共図書館へ引き取り、更に図書館費を以って児童用図書を購入して内容を豊富にし、児童に直接貸与するか、あるいは学校へ図書を委托して時々取り換えて始終新らしき読み物を学校生徒に供給しようという案を立てて協議に懸けて見た。すると学校側では直ちに承諾したが、図書館委員は時期尚早の理由で協賛を与えず、館長の計画は遂に画餅に帰してしまった。

こんな風に学校側が躍起となって運動しても図書館の方では賛成しないこともあるし、図書館長が提案しても図書館委員が承知しないこともあるが、要は資金欠乏に帰するのである。これに於いてレー氏は更に論旨を進めて曰く、図書館委員が学校図書館に投資せんことを望んでも教育費不足のためにその要求の容れられないことがしばしばあるが、何も教育費課税額に制限のある訳ではないから、図書館委員が教育官庁から相当の財源を得んとするのは決して不当なことではない。このことは既に或る市邑《ボロー》では実行されて居り、教育官庁はその報酬として、図書に関する図書館員の知識と、図書館、体制に関する実地の経験とを得て居る。

経済的施設　学校図書館の価値は最早疑う余地がないが、資金不足のために弘く実行されるに至らないというのは如何にも遺憾な次第である。教育費課税額には制限がないから多少の増徴は可能であるとしても、そうかといって余りに税率の高くなるのは固より望ましいことではない。これに於いてか経済的施設の道を需める必要に迫られる。これに対するレー氏の解答は次の如くである。

学校図書館には二百冊ばかりも蔵書があれば十分であるから、一つの本箱に収めておくことができるし、もしその本箱が得られないとあらば、有り合わせの箱に棚板を附けたものでも結構間にあう。理想的なる学校図書館の方案は約二十校ばかりを結合して一つの団体を作り、各校へは交代で書物を送るようにする組織であるが、しかしそのために要する費用はやや重くなるかも知れない。この方案では十分に綿密な注意の下に選択された四千冊の書物を購入し、これを二十校に平等に分配する。一年に一回もしくは二回本館《プリンシパルライブラリー》に回収して検閲し、破損せるものは修繕を加え、詰め換えをする。而して還して来た学校へは元の書物を送らないで新しいのを送ることにすると、各学校では全く新しい文庫が備え附けられる。書物の修繕各生徒への分配等の作業は館員の多い所では訳もなく出来ることであるが、多くの図書館では困難であろう。それに前にもいった通り、費用の問題がこの方案を一般に採用する上の一難関であろう。しかしこの方案は巡廻手続を省くことに由って修正することができようし、そうすれば資金にも余裕が出来て来るから各図書館へ供給する書物も増加することができ、毀れたのや磨切れたのは取り換えることもできる。学校図書館の書物は唯上級の生徒にのみ閲覧が許されてあるのであるから、新らしき図書を購入することの必要は最初一見した時に考える程大なるものでない、そは書物を取り換えなくとも生徒の方で変わって行くから、新しい生徒には以前からある書物も新しいからである。年々歳々古い生徒の出て行き、その代りに下級の生徒は上級に進入して行く。斯くして漸次上級を構成せんがために不断変化が行われ、従って図書館を利用する児童の間に交代が行われることになる。

　この巡廻方案はレー氏の創見であるというのではなく、既にダーウェン市で実行されて居るところの形式を最も優良なる方案として採用したので、それが独創の見でなく、従って何ら珍しい所がないだけ、それだけ実行上の模範としての価値は多いのである。何故かというに、単なる机上の論でなく、既に実地の試験を経て好成績を収めて居るのであるから、安じてこれに倣うことが出来るからである。

ダーウェンというのはランカシャーの一都市で人口四万ばかりである。同市公共図書館では児童用図書を適当に配合して百冊入り四箱、百二十五冊入り四箱、百三十冊入り四箱、百五十冊入り四箱、百七十五冊入り四箱、都合二十箱に詰め込み、同種の箱四箇を一組とし全部で五組にする。一方では市内の学校二十を生徒数の多寡に由って五組に分け、各組へ前記の図書中相当の一組を交附する。交附された図書の保管並びに運営事務は各校の教員が無報酬でやるので、六ケ月毎に各組内で本箱の交換をなし、満二ケ年を経て一巡すると、ひとまず中央図書館へ還附する。図書館ではこれを改めて修繕を加え、新書を増補し、他の組の書物と詰換をなし、今度は前とは全く変わったものを前同様の方針で各組へ交附する仕組みになって居る。即ち前述のレー氏の所説がその範をこれに採ったことが知られるのである。但だ当市では図書の購入並びに運搬に関する一切の費用を公共図書館で負担して居るのに、レー氏の所説では各学校が同盟して便利を図るので、経費は各学校の負担であり、公共図書館から供給を仰がないという点が違うだけである。ダーウェンで案出されたこの方法は学校図書館経営の模範とすべきものであるというので、文部省ではこれを各市町村へ通牒してその実行を推奨した。この方案は現在では多くの都市で採用されいずれも好結果を得て居る。ボルトン市でもこれを実行しすこぶる成績が良いというので、同地公共図書館のエリソン氏は一九一五（大正四年）十二月の雑誌に於いて学校図書館の組織に就いては中央図書館を本部として用いるのが最良法である。毎年学校の始まる九月に幾多の小集書を各区の小学校に配布し、翌年六七月の間に一旦回収して検閲し詰替をして更に貸出すようにするのであるといって居る。

出納法　前にも時々折に触れていったように、専属の学校図書館にせよ、分館組織のところにせよ、また巡廻させるにせよ、その学校に図書のある間は校長が保管の責任を帯び、教員が出納指導の任に膺《あた》るので、いずれも主義としては無報酬であるのが一般の状態である。尤も学校図書館員としての教員の服務を全くの名誉職とするのは考え物で、ややもするとそれがために面白からざる結果を惹《まね》き、折角の価値ある計画を挫折させることがないではない。例えばノリッジに於ける分館制度萎靡《いび》の如き、その原因をここにもって居るのであると論じて居るものもある。しかしながら一般的にいうと、生徒に対する適当な指導という点から見ても、教科との連絡統合という点からいっても、教師にこれを委嘱するということが最も得策であることは争われない。さればレー氏も図書の出納に関しては一教師の手に委ねて置くのが最も安全な方法であろう。その事業に同情を有ち熱誠事に当る所の教師に由ってその作業が開始されるならば、生徒の読み物に就いて効果ある助言が与えられるであろうし、そうすれば図書館の利用はますます増大されるといって居る。

卒業生への訓示――公共図書館への手引　前述の如く学校図書館設置の理由の一は、少年少女が学校を卒業した上で、公共図書館の閲覧者となるように奨励するにあるのであるから、この目的を達せんがために、教師は証明書を用意して置き、出来ることなら図書目録をも添えて、卒業する生徒に分配せねばならぬ。而してこの機会を利用して彼ら卒業生が速やかに図書館の閲覧券の交附を受けんことを勧奨し、更に公共図書館には有益な書物が沢山に備えてあり、彼らの望むがままに得らるることを附け加えておくと都合がよい。このことは既にダーウェンその他で実行して居り、すこぶる良結果を得て居る。

三　学校と公共図書館との連絡

図書館と学校との連絡について米国で弘く行われて居る一法・バッファロー式は、公共図書館の蔵書を学校へ貸出して学校図書館を造るので、前に述べたところは大体これに属するものであり、これから述べんとするところはやや趣きを異にして居るものでニューヨーク式に近いものである。

リヴァプールの僅か西北に当たりメルゼイ河口に臨める人口六万ばかりの海港市ブートルの図書館は学校との連絡について大いに価値ある方法を案出した。同図書館が児童の閲覧を開始したのは一八九一年であったが、尋《つ》いで一八九四年（明治二七）には学校を介して中央図書館の蔵書を生徒に貸与することにし、学校と公共図書館とを密接に連絡させた。学校長は部下の教員の中で適任者を選んで図書係を指名し、公共図書館の承認を受ける。学校図書係は借覧を望む児童の保護者から保証書を取りてこれを図書館へ進達し、図書館から閲覧券を取りて各要求者に交附し、二週間毎に中央図書館から図書の交附を受けてその翌日に貸出し、返済された書物を図書館へ還附する。この事業を一般の教員並びに生徒によく領会させるために図書館の規則や児童図書目録（この目録は図書館から供給する）を保存して置き、時々学校内適当な場所に掲示し、必要に応じて説明し、よくこれに慣れしむるように努める。図書館と学校との間の図書の運搬は市の教育課から供給された車に依るので、学校としては費用の負担を免がれる。

学校図書館もしくは分館制度では、一定量の図書を或る期間学校に備え附けるのであるから、勢い中央図書館の内容を幾分か貧弱にし、随って多少衰靡《すいび》せしむる傾向があるが、ブートル式では学校に留め置くことをしないからこの欠点を免がれる。しかのみならず、この式は如何なる図書館でも、またどんな学校にでも適用され、学校側で特別の書架を設ける必要もなく、実行上至って経済的であるという長所を有って居る。而して生徒の方からいえば、わざわざ図書館まで行かなくとも自由に書物が得られるので、手続の億劫でない所から喜んでこれを利用する。教師の方でも愛らしい教え子のために多大の興味を有って読み物の指導をする。更に図書館側からは一回四冊以内一ケ月間の期限でその蔵書を教員に貸与する特権を提供して居る。これは米国で行われて居る教員優待券に倣ったものであることはいうを待たない。而してその結果はすこぶる良好であるらしい。

更に他の連絡法がある。即ち児童は直接に公共図書館に就いて借覧するのであるが、それがために校長なり教員なりが児童の保証人となったり、あるいは推薦者となったり、または図書選択の監督をするという仕組みである。例えばレートンでは学校長の承認を受けることを要するし、バーミンガムやクロイドンでは図書の毀損紛失等に就いて学校長の保証を要するし、同クロイドンその他多くの図書館では校長が児童用図書の選択をなすことになって居る。またロンドン南部のニューイントンやクロイドンでは教員がしばしば生徒を引き連れて登館し、図書選択上の指導をして居る。

第四節　英国の児童図書館

児童図書館の出現　英国に於いて公共図書館の恩恵を児童に及ぼすようになったのは、一八六五（慶應元）年に始まるので、米国に於けるハナウェー嬢の児童図書館創立に先だつこと実に二十年である。して見ると児童に注意を向けたのは米国よりも英国の方が先であるといはなければならぬ。米国の図書館員は、児童に対して新しい事業を始めようとすると対岸の英国人から少なからず嘲笑されたといい、その批評者を目して古風の図書館員と呼んで憚らないが、一概にそうも言えないのである。歴史の新しい米国では何事でも旧習に拘束されることが少ないので、誰か一人が新しい試みを始めると、周囲のものは相競うてこれに随い、忽にして一般の流行となるのであるが、これに反して保守的色彩に富める英国人は新しい計画が現われても直ちにこれを模倣しようとはせず、自分で得心の出来るところまで批評しあって、その価値を充分に確かめた上で実行しようとする傾向があるので、急進的な米国人からは思想が旧いと見られることもあるが、英国の図書館員悉く古風な頑固党であると一口に言う訳には行かぬ。一八六五年までは英国の公共図書館では十四歳以下の児童の入館を許さなかったのであるが、その年にバーミンガム図書館で児童に図書の貸出を創め、六年の後に児童図書館を分立し、専用の目録をも作った。一八八三年（明治十六年）にノッティンガムに独立の児童図書館が現われ、爾来各地に児童図書館や、児童閲覧室が設けられるようになった。前の学校図書館もまたその一種であって、リーズ市の如き約四十の学校図書館の外に更に約二十の分館を市内各地に置き、学校図書館を利用し得ざる児童のために便利を与えて居る。ブートル図書館の如き一八九一（明治二十四）年までは十五歳以下の児童の入館を許さなかったのであるが、その年に八歳以上の児童に借覧を許すことにした。而して十五歳以下の児童に貸与すべき図書は特別の注意を以って選択してその目録を作り、この目録に登載されてないものは児童の借覧を禁じて不良の感化を避け、晩の七時以後は図書館に留まることを禁じて過読の弊を防ぎ、更に各児童保護者の保証書を提出せしめて父兄との連絡を有つという風にすこぶる周到なる用意を以って実行された。さればその結果は至って良好であったといわれて居る。またミネット図書館では、これも父兄その他責任を有する人の保証ある七歳ないし十四歳の児童のために毎日夜間三時間土曜日には午後二時間開館して居る。ここではこの児童室を中心として学芸会を組織し、各週一回開会することにして居るが、その成績すこぶる良好で、会員となった児童かなり多数に達して居る。これは十年ばかり以前から実行していることであるが、児童の読書趣味を喚起する上に大なる効果があり、啻に当時に於いてのみならず彼らの成長後普通図書館の価値を正当に認識し、これをよく利用し得る基礎を築くものであるから、この点から見ても大いに価値ある方案であるといわれている。而してこの方案が前に述べた米国に行われている図書館組の一種たるやいうまでもない。

登館年齢　は前記ブートルが八歳以上十五歳以下、ミネットが七歳以上十四歳以下、その他クロイドンが十二歳以上十四歳以下という風に各館それぞれ特別に規定して居るので、一定の標準はないが、いずれも制限を附して居るという点は共通であって、米国に於いて年齢の制限を撤廃しようとしているのとはやや趣きを異にして居る。

規程　各館多少の差異のあるのは当然のことであるが、大体に一致する所は次の通りである。

一、児童室は月曜日より金曜日までは毎日午後四時開館、午後八時閉館す。但し土曜日には午前十時より午後四時までとす。
二、児童室は年齢九歳以上十四歳以下にして、戸主、主任教師または図書館委員の推薦に依り閲覧券を有する者に登館を許す。
三、不潔なる服装したる者、厭うべき病気に罹れる児童は登館を禁ず。
四、閲覧室内に於いては静粛にすべし。これを犯す者には退場を命ずることあるべし。
五、談話、飲食を禁す。
六、図書は雑誌台にて読むべからず。インキは特に備え附けたる机上の外にて用うべからず。

（Ellison 氏に拠る）

第五節　図書館科

図書館科の必要　クラーク氏はいう、如何なる種類の図書館に於いても館員として暫く働いて見ると間もなく誰でも気附かずに居られないのは一般民衆——高等教育を受けた人々でさえも——が、最大量の智識を抽出し得べき図書並びに図書館の利用法を心得て居ないという一事である。啻にそれのみならず、公衆の自由閲覧に委せられてある各種類の書物の何であるか、それ等の一つ一つがどんな役に立つかということすらも、世間の人は殆んど知らないで居る場合が多いのである。この欠陥を補うために現代の図書館員は種々の拡張策を考案し、明日はやがて公共図書館の閲覧者たるべき児童に対し、図書館の利用法なり、組織なりを教えて、一層よく図書館を領会し、図書並びに図書館を一層科学的に利用し得るように導こうとして居る。これは英国に於いてよりも米国に於いて一層弘く行われて居るところで、英国の児童図書館界でかなり流行して居る他の児童勧誘法よりも非難を被むることの少ない方案である。この方法によって児童は公共図書館の事業なり方針なりに関する更に豊なる思想に導かれ、雑多の書物の判別およびそれより得らるべき智識の如何なるものなるかを教えられ、且つそれ等を如何に利用せば利益が最も多いかを示される。児童はまた図書館の設計の塩梅や配置の様子に馴れ、目録や分類法をさらによく了解し、斯くして図書館は児童の日常生活の一部分――それなくては大なり小なり不利の位置に立たなければならぬところの大切な一機関となるに至る。

　この種の図書館科は特設児童部の存在しない図書館に於いてもまた児童の為に特別の設備のしてある図書館に於いても共に行われるのである。前者の場合にはやがて公共図書館の普通閲覧者たるべき資格の与えられんとする卒業期の学校生徒にのみ入場が許され、後者の場合には十歳以上の児童は皆この講話に出席することを許される。十歳でも多少読んだり書いたりすることのできる児童は聴講者の一員としてその中へ加えて然るべきかということは余程の考え物であるが、いずれにしてもこれら極く幼稚な児童のためには短い、念入りの、しかも易《やさ》しい言葉で特別に準備された講話でなければならぬ。

　この種の講演者として選任される人は、児童に同情を有ち、児童の心状をよく了解して居る人でなければならぬ。言葉遣いが平易で純朴で、しかも流暢であり、語調の抑揚に富んだ人、児童の注意を散漫にし、あるいは妨害するような何ら奇異なる特質のない、しかも如何なる不作法な出来事が起こっても、如何に皮肉な質問を放たれても更に意としないだけの沈着のある人、更にその話さんとする事柄に就いては暗誦する程に精通して居る人でなければならぬ。

これらの準備が整えば次には学校長なり、地方少年義勇団なり、その他児童関係の協賛を得るのが賢い方法である。というのは図書館自身で行った広告はその効果の極めて薄弱なものであるということを多くの経験が証明するからである。ロンドン府参事会管轄以外の地では視学官が同情を有って居り、学校の正規時間中に於いて生徒の図書館講話に出席することを許された実例が数々ある。また少年義勇団の団長などでもその団員たる少年が以前よりも更に十分に一層よく書籍なり図書館なりを利用するに至らんことを望む傾向が漸次増進して来て居る。これら諸機関を通じて二十五名ないし三十名の児童の一群が交代で図書館教科を受けるために図書館へ出席するように招集する。この場合に於いても「教科《レッスン》」というような形式的の言葉よりもお噺《はなし》と言った方が都合のよいことを経験が示して居る。

各のお噺はそれ自身で完結したものであり、しかもその内の一つは自然に他のものへ導くような関係を有って居り、それ等の総べてのお噺が一つに纏まったものとなり、よく調和して居る全体を形成するような多種のお噺の連続から成り立ったものが理想的の講話である。一つのお噺はせいぜい一時間が極限で、これを超えてはならぬ。児童が書物とか、その他実際調べて見る事物を持たない時には半時間が最も適当である。話したことを実例で解説するために書物を使用する場合には、その選ばれた書物がその部門の典型的のものであり、解説すべき方案に依り、出来るだけ単純に排列されるように注意しなければならぬ。

第一段の講話　即ち講話の入口は図書館の目的に関することでなければならぬ。古来の図書館に就いて簡単に且つ明瞭に話して聴かせ、次に現代式都会図書館の現われた理由を説明し、更にこの公共図書館を維持するために各市民が経費の分担をして居ることを知らしめて責任の感を漸次深く沁み込ませなければならぬ。図書館のいろいろの部局に就いて説明し、その部局の一つ一つの特殊の働きを指示し、最後に如何な風にして公衆が図書館の読者の一員となり得るかということ、即ち登館の手続や書物貸出法などの説明をしてその講話を結ぶようにするがよい。この講話の際、出来得ることなら幻灯を適当に応用して説明を助けるようにしたならば、その効果を一層増大するであろう。

第二段の講話　は書物に関する一通りのこと、即ち装釘《そうてい》のことや、その各部分の名称並びに意義等を説明すべきである。この講話の中へ書物の正しき取り扱い方に関する簡単な説明を織込んで行くと都合がよい。児童は一般に他の事物に於けると同じく書物に就いても本能的に美を愛好するものであるから、不都合な開き方や、栞の代用として鉛筆や束髪の留針《ピン》や、手帳や、鍵などを挿んで置くことによって、あるいは温度の高い所に放置すること、その他種々雑多の不正当な取り扱い方に依って書物の破損するに至ることを叙《の》べつつ、書物の正当なる取り扱い方を説明するのは聴講者に有益なる効果を与えるものである。講述の際には出来る限り否定語を避けるがよく、例解のために常に書物を手にして居なければならぬ。

第三段の講話　は書物が如何にして公衆の役に立つかということ、即ち閲覧手続の説明解説をなすべきである。蔵書に多くの部類の存することを叙述し、それ等各部類の目的を解説し、また単に智識の伝達を目的とする所の文籍《リテラチユーア》と、いわゆる純文学《ピユーアリテラチユア》として知られて居る所の文学書《リテラチユーア》との異同を極く簡単に説明し、更にそれ等両者はそのいずれの一方をも軽蔑することは出来ないので、却って両者は共に人生に於いて各相当の地位を占めて居るものであることを知らしめんことを要する。

この一連の講話の最後の段に於いては、書物が如何に分類されるかということ即ち分類法に就いて極めて明瞭に叙説しなければならぬ。架上の書物の排列法や、弘く行われて居る目録編纂主義などもまた説明さるべきものである。目録の製作者並びにその排列は、その作られた目録が書物を検索せんとする読者に対して如何なる便益を与うるかということと共に、充分よく徹底するように説明されなければならぬ。この講話の間に児童を引き連れて図書館の各部局、各室を観覧させるのは素より当然のことで、これはすこぶる大切なことである。

試験　一連の講話の終わりに簡単なる試験をするのは甚だ価値あることである。試験を受けなくともよいことには心が弛《ゆる》みがちのものであるが、後に試験されると思えば熱心に注意して聴くようになり、善く注意して聴いて居れば良く了解され、良く了解されると自然に興味が湧いて来て、努めずともおのずから講話に注意が向くようになるものであるから、児童の興味を維持する上からいっても利益があり、更にその一連の講話がどれだけの成効を収めたかを確かめることが出来るので将来の施設に対する参考ともなるのである。

次に掲ぐるところは学校生徒と図書館の連絡に就いて用いられた試験問題の一例で、ファーンサイド嬢の起案にかかり、リヴァプールの西北郊外なる海水浴地として知られたウォーターローウィズシーフォース町の公共図書館で最近に実施された所のものである。

問　題

一、カーネギーは何故に多数の公共図書館を設立したか。
二、電信学《テレグラフィー》に関する書物のカード目録に於ける番号は六五五である。諸子はこの事項《サブジエクト》に関するどんな書物を目録上で発見し得るか。

三、カード目録により、次の書物の著者を発見せよ。
（a）宝の島。
（b）少年ドーリット。
（c）ランカシャーの女魔術師（ランカシャーはウォーター町の属する州。）
（d）三人銃卒。
四、サー・ウォルター・スコットの著述にかかるもので、本図書館から借覧し得べきものが幾種類あるかを著者名目録によって発見せよ。
五、科学および工芸に関する定期刊行物で本図書館に於いて借覧し得べきものは何々であるか。
六、表から控除されてある場合には、その雑誌は売却されるのであるが、現時売物になって居るのは幾種類であるか。
七、二月二十一日リヴァプール出帆ニューヨーク行き郵便船の名を知れるか、どこでそれを知り得たか。
八、リヴァプールの市場の状況を何の日刊新聞で発見し得るか。
九、欠員（即有職業）一覧表を日刊新聞掲載以外本図書館で如何なるものを発見し得るか。
十、本館壁間に如何なる地図が掲げてあるか。
十一、人名録からジョン・マックエヴォイ氏の私邸の宿所を発見せよ。而して何の人名録の何の部で発見したかを附記せよ。
十二、人名録からリヴァプール在住新聞通信員名簿を発見せよ。幾人ありや何の部で発見したかを附記せよ。
十三、マンチェスター病院一覧表はどこにあるか。
十四、リヴァプール発ロンドン行き貨物列車の線路、駅名並びに発着時間を取調べよ。
十五、参考室に於いて次の事項に関し如何なるものを発見し得るか。
（a）家禽類

（b）動物
十六、飛行船と飛行機とはどんなに違うか。
十七、他愛主義《アルトルイズム》という語の意義は如何。
十八、一尋《ファツオム》は幾呎《フィート》であるか。
十九、フラック紙により、ランポート、ホルト線の汽船の色を記述せよ。
一、煙突
二、旗
二十、斥候に関する書物の中、孰《いずれ》の書物に於いて手掛りのない事件の捜索方を見出し得るか。
二十一、博物陳列場の出品により次の鳥がどこに巣を構えるかを見よ。
（a）鷗。
（b）骨頂。
（c）雲雀。
二十二、植物の色合いと調和することによって、特別の保護色を有って居るのは如何なる鳥であるか。
二十三、諸子が解説を望む幾多の疑問に最も良く解答を与うる図書新聞等はどこにあるか。

（Open access libraries に拠る）

第六節　自動教育と図書館

現今の教育思潮中最も優勢なるものは自動教育説であろう。エレン・ケーやモンテッソーリの自由教育説は言わずもがな、米国のマクマレー氏一派の唱道する攻究的教授法、我が国に於いては澤柳博士の自学輔導主義、及川明石師範主事の分団的動的教育法の如きその根底はいずれも自動主義に置かれてある。科学的経営を以ってその名の世界に喧伝せられるゲーリーシステムの如きもまたこの主義の上に立って居る。然り而して自動教育の実施にはその必要条件として図書館を要するのである。

　エレン・ケーが学校に於いては教科書本位の教授法を改めて教師の自由活動の範囲を拡張し、生徒には多くの参考書を与えて自学自習の習慣を養うべく、図書館は新式学校の中心とならねばならぬといって居るのは読者の夙《つと》に知って居らるる所であろう。モンテッソーリ教育法の如きも、またこれを小学校に適用する場合にはその設備の中心として図書館が必要となって来る。（河野清丸氏『モンテッソーリ教育法とその応用』参照）ゲーリーシステムの如き、多くの人々によって盛んに紹介され評論されて居るに拘らず、図書館との連絡については一向我国に紹介されて居ないが、生徒をして図書館利用に慣れしむるは同校の最も重きを置く所である。ニューヨーク市の学校督学官テイラー氏が市教育局へ提出した報告書に依ると、「図書館の組織的利用《システマチックユース》はゲーリー方案の主要な部分を為して居る。二級か三級位の一組の生徒が公共図書館の閲覧室で教師の指導の下に読書して居るのを見たが、各生徒は親しく書架に接近し好む所の図書を閲読することを許されて居った。やや上級の生徒は目録のことや、指定された事項に関する記事を発見する方法を教えられる。生徒は百人位の団体になって図書館利用の講義を聴きに出て来るが、該講義は幻灯や活動写真を利用して解説に努めて居る。エマーソン学校では生徒の父母が同校内に設けられてある夜学に出席して勉強して居る間に、その幼少な子供達は図書館で楽しげに読書して居るのを見た。公共図書館では学校生徒の補遺的読書の需要に応ずる様に適当に分類された数千冊の書物が書架に排列してあるのを見た」と述べてある。七千万ドルをかけて新築し、一九一三年に落成したフレーベル学校はゲーリー中設備の最も善く完備した学校であるが、同校内に公共図書館の二分館を置いたのもこの主義の実現に外ならない。

ケー等の主張する様な過激な方案をそのまま採用することのできないのは素よりのことであるが、しかしながら、その中にはまた傾聴に値する所が無いではない。真に教育を重んじその発達を冀うものは須らく偏見を去って、たとい反対者の主張の中にも採るべき点があらばこれを採用するに吝ならず、以って全体の発達を企図しなければならぬ。自修自学の習慣を養うことは現今教育上の一大急務であろうと思う。而してこれには図書館の利用に慣れしむるが最良方法であることは上来述べ来たった所に依って明瞭になったことと信じる。

第六章　中等学校と図書館

第一節　中等学校図書館の発達

青年期と読書　「青年期は人生の危機として一般に認められて居るが、それにも拘らずこの時期の読み物に就いては一向注意が払われて居なかった。青年の心的生活は児童のそれとは大いに趣を異にするのであるから、その読み物も問題とならねばならぬ。一生の習慣の形成される青年期の読み物に就いては他の時期に於けるよりも一層多くの注意が払われなければならぬと予は確信する。興味の起こり易い、同情の鋭い、外界からの印象を受け易く心が開かれてあり、且つその印象を把住すべき記憶力の強い、趣味の尚未だ偏して居ない、しかも理想構成の強大な、読み物に対する自然の欲望の著しい、しかも生活状態が読書に耽るべき多くの余暇を見出し得るこの青年期に於いて、書物利用上適切にして巧妙な指導の必要がないと言えようか。一度善良なる書物に対する好愛心が起ころうものなら最早将来の読み物に就いては殆んど思慮を回らすにも及ばぬのである」とはアトキンソン博士が曾て図書館雑誌《ライブラリー・ジャーナル》に寄せた「青年の読み物」の一節である。青年期の読み物に特別の注意を払う必要があるとせば、中等学校図書館に就いて少しく考えて見なければならぬ。

児童図書館と中等学校図書館　約二十年の昔児童閲覧室の初めて設けられたのを驩《よろこ》んで迎えた米国では、今や中等学校図書館の開設に熱中するようになった。中等学校図書館の事業は児童図書館とは全く別なことであるが、しかもその施設の全般に於いて後者に負う所の極めて多いことを認めねばならぬ。読者を誘致する装置、即ち絵画や、花卉《かき》や、面白い告知板や、美しい装釘の書物で飾られた壁間や、雑誌や、美しい絵入本を擴《ひろ》げた卓子や、殊に室内に自由の愉快な気分の充溢して居ること等は全く同様である。閲覧室は参考用の集書、知識獲得の最良方法を教うる学校、特殊の事項の研究並びに教科中の事項に関する補遺的読書の為めの研究室として所有《あらゆ》る教育的職能を十分に尽すとしても、しかも同時に感興と娯楽との場所たることを忘れたならば、その最高の一機能を闕如するものである。スミス専門学校図書館の摘読隅《ブラウジングコーナー》やコロンビア大学のアボット教授の考案に係る間読架《ベーツシェルフ》の如きは即ち新式中等学校図書館の一特質であって、学級試験などでは測定することのできない価値を有するものである。その他各地の学校図書館では従来教師が骨折って拵えた標準科外書目等よりもずっと有効に、良書の閲読並びに書物の所有に関する趣味を養って居る。綿密なる注意の下に選択された学校文庫の各種類の図書を渉猟するのは、それ自身で自由教育であり、また真の修養法である。新刊の雑誌や、始終変わって行く絵画や抜萃《ばっすい》や新刊書目等の掲載される告知板を毎日一瞥することは、知的好奇心を刺激して生徒の興味を拡張するものである。

新式中等学校図書館　斯の新式図書館を簡単に定義しようとならば、それが過去の中等学校図書館と如何に異なって居るかを示した方がよいかも知れぬ。即ち通常の中学生の要求に適する様に選まれた図書、雑誌、小冊子、切り抜き、図解等の集書を有し、学校図書館に全力を尽し得る而も少年に興味を有する熟練なる館員により、現代式図書館の体制に倣って組織された所のもので、五十ないし百二三十人の学生を容るるに足るべき、広くて人目を惹きつける閲覧室を備え、相当な経費で維持され、当該学校の各部局によってそれぞれの事項に関する興味を喚起こし且つ刺激する手段として利用され、それ等の需要に対して暗示と鼓舞とを与え得るものである。それは教師との協力によって指導された多くの読書倶楽部の本部であり、午後および夕方には生徒並びに父母の団体を迎える社交的中心となり、市内の公共図書館と密接に協同し、以ってその蔵書を断えず利用するように奨励するものである。

　新式図書館の設計を一瞥するに、概ね閲覧室の外に例えばスポケーン中学校に見るが如き司書室、バッファローのハッチンソン中学校に於けるが如き教師用参考室、ブルックリン高等女学校に於けるが如き図書室教室《ライブラリークラスルーム》等の附属して居るのが常である。この図書館教室は教師から学校図書館の発達に寄与したものの一つで、コロンビア大学アボット教授の助言に負う所が多い。この室は閲覧室に接続し、出来るだけ学校教室らしい気分のせぬように為なければならぬ。即ち閲覧室同様人を惹きつけるように作られ、壁間には面白い絵画が懸けられ、盆栽や、綺麗な器具で飾られなければならぬ。生徒が筆記し得るように書板附《タブレットアーム》の椅子と、その周囲に教師と共に小さな組が集まり、美しい絵本を眺めたり、絵葉書類を順々に廻覧したりなどするように、一、二脚の卓子とを備えることは、この教室の一特色である。壁間には課業の事項を図解し、または興味を添える為めに教師が絵画なり切抜なりを掲示し得るように、長く伸びた掲示板が設けられねばならぬ。また大きな石版画を収める箱や、地図や、図表や、幻灯映画や、装幀された絵画や切抜などの箱なども必要である。教師が単に幻灯映画のみならず、絵葉書や、書物や、雑誌の挿画その他のものを映写して見せる用に供する実物幻灯器械を備え附けることは設備の重要なる部分である。堪能なる音楽家に吹き込まれた蓄音器は語学、殊に韻文教授に大なる補助をなすであろう。また小さな舞台を備えて置くと学校全体によって図書館の利用せられる機会を多くするであろう。卓子や椅子その他の舞台道具と、技芸部の実習を兼ねて極めて経済的に作られた背景と幕とは古文学を味う上に多大の利益と感興とを添えるであろう。ここはまた館員が参考書や図書館器具の利用法に就いて講話するときにも使用されるし、歴史、古典、外国語等の教師に不断の便宜を与えるであろうし、物理や商業地理の教授等には大なる恩恵物であろう。読書倶楽部は幻灯の使用で一層面白くされるであろうし、文芸倶楽部では素人劇で享楽を得るであろう。

発達の概況　斯くの如き新式図書館は最近十年このかたの新設または改設に係るもので、従来の学校図書館とは著しく面目を異にして居る。その最初の唱導者が誰であるかは精確に知ることはできないが、大体の径路はこうである。即ち或る中学校で、本務以外の負荷として図書館の管理を命ぜられた国語や歴史その他の教員が、小つぽけな図書室があるだけで図書購入費の配当すらなかったにも拘らず、なお能くその図書館をして多くの生徒に満足を与える場所たらしめたのが、そもそも新式図書館の濫觴をなすものらしい。これらの教師はしばしば私財を投じて美しい書物を買っては生徒に貸与し、絵画や切抜を集めて綴込を作りなどして内容の充実を図った。しかしこういうのは極めて稀な謂わば例外ともいうべきもので、一般学校図書館は至って貧弱なもので、教師も一向注意を払わなかったのであった。斯かる際に当たって極力その発展に尽力し現在並びに将来の学校図書館の基礎を定めたものが、寧ろ図書館員の側に有ったという事を、米国図書館界では誇りとして居る。一八九五（明治二十八）年にシャープ嬢が図書館雑誌に寄せた「中等学校図書館」と題する一文はすこぶる卓見に富み面白い暗示を含んだものであった。丁度その頃は一般図書館員は新しく現われた児童との協同に注意を奪われて居ったのであったが、プレット氏は既にこの時に於いて、やや長じたる少年少女の為めに善良なる中等学校図書館の必要を感じ、クリーヴランド中央中学校《セントラルハイスクール》内に公共図書館の一分館を設置し、パウァー嬢をしてその事務を掌理せしめた。これは教育局が学校図書館の設立維持を欲せず、あるいは為し得ない場合には、公共図書館の方から踏込んで行って図書並びに熟練な館員を供給してその発達を助くる先例を開いたものである。これより後るること四年、即ち一八九九（明治三十二）年には当時ニューワーク公共図書館長であったヒル博士が、プレット氏のことは全く知らないで丁度同じ事を始め、バーリンガー中学校《ハイスクール》に公共図書館の派出所《デリバーリーステーション》を設け、一定の図書費を配当し、目録編纂の事務をも執る事にしたが、唯熟練な専任館員は置かなかった。その後これら先覚者の新施設に範を取って中等学校図書館の改良に着手するものが漸次増加するようになったけれども、しかも一般の発達は極めて遅々たるものであった。一九〇六年二月の『学校評論《スクールレビュー》』はこれを論じて「中等学校設備に関して図書館程急要なものはない。学校当事者は校舎の改築、採光、通風、暖房等に就いては囂ましく議論して、殆んど完全に近かしめた。昔のバラック式中学校に通った吾々には現時の学校はあたかも宮殿の如くに見える。物理実験室あり化学、植物、動物等の実験室もある。都市の中学校は概ね三十年前のカレッジよりもずっと完備して居り、更に現時のカレッジに匹敵するものも少なくはない。然るに図書館問題になると殆んど顧慮されて無い。僅少な図書、新刊雑誌、綴じずに投げ遣りにしてある古雑誌、こういうのが大小都市の各学校に於ける実況である。予は諸州の多数の学校を参観したが、校長は予を案内して、実験室、古生物標本室、手工並びに書画陳列場等に導くのが常であった。固よりそれらを見るのは嫌ではなく、立派な設備や製作品を見て得る所の少なくなかったのは事実である。しかも図書館らしい所へ案内されたことは殆んど無い。自分の方から要求すると狭い、陰気な、大抵は窓のない、書物が兀雑《ごつちゃ》に並べてある室に導かれたが、その書物が大抵は黴《かび》が生えて居り、表紙のぐちゃぐちゃになった時代後れの教科書類であった。適当な設計に基づき相応の設備のしてある図書館は、二十五年前に完備した実験室の無かったと同様、今の処殆んど見ることができないと言って居るのを見ても当時の状態が想見される。その後、年と共に発達の機運に向かって来たが、しかもその進歩は依然として緩漫であった。一九一二年ホール嬢が中等学校図書館に関する報告に「学校と公共図書館との協同に於いて中学校は小学校よりも遥かに劣って居る。中学校長や教師は図書利用法を心得て居ない。公共図書館を訪れるものも稀であれば、どんな蔵書があるかも知らぬものが多い。随って中学生で図書館を利用するものの少ないのは無理はない。両者協同運動に於いて中学校に分館を設置したのが山々で、次には熟練ある館員を任用すべく、それに次で大切なのは図書館利用法を系統的に学生に教えることである。そうすれば従来参考書を探す為めに費した多くの時間を節約して経済的に用いることができる」といってある。この報告書は図書館界に大なる刺激を与えたもので、カンザス市に於ける中学校分館の設置は実にこれがその動機となったのであるとライト氏の演説（一九一四年全国教育会図書館部大会席上）に言ってある。これらと相前後してポートランド、マディソン、パセイック、マンチェスター、ポータケット、ソマービル等の諸市に於いて中学校分館の設置を見るに至った。他の多くの都市に於いては未だ完全に行われて居ないが、それは丁度幼稚園や工手学校がその教育的価値を認められるまで個人や協会などで維持されて居ったと同じ様に、今は中学校図書館の価値の一般に承認されるように努めなければならぬ時期にあるのである。

しかしまた一方に於いては学務局が専任司書を任命して学校図書館を発展させる必要を夙《はや》く認めた所もある。その内二ケ所は図書館利用法を生徒に教えて好結果を収めた所がある。デトロイト中央中学校ではホプキンス嬢が主唱者となって教科課程の要目を作成した。一八九八（明治三十一）年にはレーン博士がワシントン中央中学校長となったが、氏は英語科の教師であった時代に図書係を勤めたことがあるので、その経験からして専任司書の必要を認めて居ったので、その年の五月に任命されたマン嬢は氏の意見を参酌して精細な課程を組み立てた。その他にも同様の企を実行したものが少なくない。

図書館学校卒業生が中学校司書として任用されたのは一九〇〇（明治三十三）年が初で、一九〇五年以後には五十人以上に上って居る。

現代的図書館の基礎の上に立つ学校図書館の必要は学務局に於いても認められ、この種の図書館が学校に於ける最重要の一部局たることを主張する校長も最近急激に増加して来て、館員も一校一人というではなく、大学《カレーヂ》卒業生で図書館教育を受けた熟練ある司書の二、三人も校長の下に働いて居る所も珍しくない。こういう風であるから近き将来に於いて大発展があろうと予期される。視学官や、中等学校長や、国語および歴史の教師や、その他読書の感化力を信ずる教師は、この種の新式図書館を訪れ、更に学校内に於いて図書館員と相提携して図書館の利用法を増進させようとして居るから、諸般の施設に就いて重要なる助言が断えず与えられる。将来の中等学校に於いて図書館の占むべき位置は既に認められて居る。バードウェル博士は一九一五（大正四）年四月の教育評論《エヂユケーシヨナルレビユー》に於いて「現代中等学校の最重要なる一部局は図書館である」と断言して居る。グランドラピッズ中学校長ダヴィス氏もまた「将来の学校図書館は過去の中世式中学校から現代中学教育の標準並びに理想に移り行く度合の証左である。学校図書館は新課程の教育的価値の証左であると謂うても差し支えない。学校が昔の修道院時代から生長して来て、現業社会《ウオークエデーウオールド》に生活しなければならぬ少年少女の生活の準備を為すべき時代に於いては、図書館はその機会に向かって開かれた戸口である」と言って居る。実際中等学校図書館改良運動を援助しつつある教育界の先覚者は、その終局の目的は現時最も進歩した大学や専門学校の図書館の如く、新式中学校の成全要素《インテグラルパート》としての位置を占むる所の図書館たらしめんとするにあることを信じて居る。館員は教師もしくは各科長同様の待遇で学務局から任命され、図書館は学務局の監督の下に立つべきものとせられて居る。

第二節　中学校図書館の現況

一、米国各地の状況　最よく進歩した新式中学校図書館としてはウィンステッド市ギルバート学校、フィラデルフィアのウィリアムペン中学校、ニュージャージー州の東オレンジおよびニューワーク、ニューヨーク州のオールバニ、ロチェスター、ニューヨーク市、ミシガン州のグランドラピッズおよびデトロイト、リシントン州のスポケーン、カリフォルニア州のオークランドおよびロサンゼルス等の各中学校図書館を数うべきである。その他の諸州にも漸次普及しつつあるが、中でも新式中学校図書館を最も多く有して居るのはカリフォルニア州で、それはロサンゼルス中学校のモルガン嬢と、前にはオークランド中学校の司書兼教諭であって今はカリフォルニア州大学中学部の英語教師をして居るブレック嬢との唱導に基づくのである。

二、オークランド市中学校図書館　同市中等学校図書館は最初英語および歴史科に於いて設けられたのであるが、やがてその効用が各科へ拡張され、今や学校設備の成全要素として認められ、市内五個の中学校には各一図書館を備えて居る。館の経常費は校費から支出され、館員は学務課の選任で教諭と同等の資格で職員の列に入り、三年以上勤続の教諭に準じて待遇される。貸出法や帯出期限その他管理の方法は、在学生の多寡や、図書運用の度合等を斟酌《しんしゃく》して図書館長が定めるので、帯出期限の如き二週間か一週間かが普通であるが、運用の頻繁な所では一晩限りまたは時間制の所もあり、最後の場合には同じ書物が毎日七回ないし九回運用される。現在一校は八千冊、二校は五千冊の蔵書を有し、他はそれ以下である。一万に達するまでは増加させ、あとは損傷したものを補充するだけに止めようとするのが各校の志す所で、図書の購入は科長と館長と協議して定める。目録もまた教師と館員と協同で作る。図書の運用は随分盛んで千人学生のある学校で一日五百冊貸出すことは珍しくなく、この上五十ないし三百冊の辞書類その他教科参考用書を取り扱うから、全数は一日八百か九百冊に上る訳である。更に学生も多く、時間貸出制を採って居る所では一層運用数の多いのは言うまでもない。

図書解題は教師の為めにも、また生徒の為めにも、時間の経済上至って便利なものであるので、これを作るのが普通になって居る。図書館のない中学校で下調べに数時間を要した所の教師は、組織的な学校図書館では数分間で立派に翌日の授業の準備を為し了える。各種専門の標準書目もそれに慣れて置くことが大学図書館や公共図書館を利用する上に便利であるという理由で作られて居る。図書館の利用法に慣れた中学生が大学へ入学した場合には、カレッジの課程に於いて三箇月短縮が出来ると大学の当事者は言明して居る。されば図書館利用法に関る作業は英語科の一部分として実施され、一学期に講義三単位並びに宿題答案三種を強制的に課す。特に図書館事業に従事せんとする生徒に対しては専門的教授を行う。図書館から見て特に優良な学生には一定期間助手として、館務を手伝わせるが、生徒は同学のものがこの地位にあるのを見て一種の誇り《プライド》を感じ、これが我らの図書館であるという親昵《しんじつ》の感を増させる上に極めて有効である。

その他絵画の蒐集や、講話会の開催や、幻灯器械の設備等はいずれの所にも行われて居る通りで別に述べ立てるまでもないが、唯一つ注意すべきは博物部に於いて地方誌関係材料の蒐集整理を行って居ることで、これらの縦覧に刺激されて興味を感じ、且つその保存法の行き届いて居ることを知った学生は、父兄の同意を得て自家所蔵の古文書や、古い貨幣や、その他の考古材料を寄贈して来るので、内容は漸次充実し成績すこぶる良好である。

三、カンザス市中学校分館　カンザス市では公共図書館は教育局の設立でその支配の下にあるので、学校との協同には好都合である。中学校新築設計に当たりては研究室や、参考図書室の外に、特に分館《ブランチライブラリー》の為め設備が出来た。東北分館部では既に一万六千冊を容るるに足り、総べて現代式設備を整え、尚必要に応じて拡張し得られるようの仕組みが完成した。図書館が校舎の一隅に位し、学校の昇降口とは別に昇降口があり、一方口は扉一枚で本校と連絡して居る。事実上一個完備した分館であり、しかも同時に学校図書館の目的に適うようになって居る。これは素よりホール嬢の意見に従ってこれを実現したものである。本分館は一九一四（大正三）年八月開館されたので、上記の如く学校生徒の便利を図る外にその地方の修養の中心機関として使用されることになって居り、中学校の屋内游泳場は男子、女子、児童各時間を異にして一般公衆に開放されて居るから、場内には次のような掲示がしてあり、新聞の広告などと相俟って多くの人士を引き寄せて居る。

浴後本校舎の西北隅なる東北分館に立寄られよ。そこには図書あり雑誌あり新聞ありて諸君の来訪を待てり。

斯かる分館の価値は市民の承認する所となり、第二中学校にも同様の設計に依って工事が進められ更に高等小学校にも採用されるようになった。

四、中学校の図書館科　中学校図書館がその教育的職能を充分に発揮せんが為めには、図書館利用法を生徒に周知せしめねばならぬ。随って図書館科教授要目を作る必要が生じ、既に米国の各地に於いて試みられて居ることは前にも述べた。今その一例としてカリフォルニア州オークランド中学校で実行されて居るものを掲げて見よう。

カリフォルニア州オークランド中学校図書館科。

一、図書の由来。

(一) 太古穴居人種の思想交換に用いし絵画

(二) アッシリアおよびバビロニア人の瓦碑文書。

(三) ギリシアおよびローマ人の図書製作。

(四) 暗黒時代および修院の図書製作家。

（五）印刷術の発明。

二、図書および図書館の史的発達。

（一）アレキサンドリア図書館。

（二）中世紀の大学図書館。

（イ）ハイデルベルク。

（ロ）パドヴァ大学。

（ハ）ケンブリッジ及びオックスフォード両大学

（三）王立図書館並びに図書館長としての帝王

（イ）ビブリオテークナショナル（パリ大学）

（ロ）アングロサクソン史料並びに史料所蔵図書館。

（四）国立図書館。

（イ）大英博物館。

（ロ）米国議院図書館。

（五）近世図書館の三形式。

（イ）州立図書館。

（ロ）市立図書館。

（ハ）学校図書館。

三、参考書。

（一）参考書の定義。

（二）辞書。

（三）百科辞書。
（イ）優良辞書は如何にして作らるるか
（ロ）劣悪辞書は如何にして作らるるか
（ハ）優劣選択法。
四、特殊百科辞書。
（一）センチュリー人名辞書。
（二）チェーンバー英文学辞典。
（三）チャンプリン絵画および画家辞典。
（四）ブリス社会改革辞典。
（五）処方および経過辞書。
五、参考書。（続）
（一）ラーネッド簡要参考歴史。
（二）政治家年鑑。
（三）紳士録（フーズフー）。
（四）古典古書辞典。
（五）プリューヴァー故事成語辞典および便覧。
（六）佳句集。
（七）詩集、宝典類。
（八）世界の暦書。
六、参考書としての聖書。

（一）参考書として聖書を研究する所以。
（イ）宗教的情操の記録として、讃美歌約百記および創世紀。
（ロ）歴史上の記録として、出エジプト記、諸王。
（ハ）詩典として、ソロモンの詩その他。
（ニ）史劇宝典として、エステル、ヤコブ、ダビデ、およびゴリアテ等。
（ホ）歴史並びに文化に及ぼせる聖書の影響。
（二）如何にして聖書は書かれたるか。
（三）聖書の区分。
（四）聖書の諸体。
（イ）ヘブライおよび原語。
（ロ）ギリシア訳。
（ハ）中世紀のラテン訳。
（ニ）一六一一年に於けるジェイムズ王の欽定英訳。
（ホ）一八八八年に於ける改訳。
（ヘ）一八八五年以後のアメリカ改訳。
（ト）ムルトンの分冊版。
（チ）現代語聖書。詩的価値の喪失。
（五）聖書研究参考手引。
（イ）聖語索引。
（ロ）聖書辞書。

七、官刊書。

（一）定義。

（二）政府の費用。

（イ）年額五百万円以上。

（三）目的。

（イ）実業家の為め。

（ロ）農家の為め。

（ハ）学者の為め。

（四）官刊書材料蒐集法。

（五）分配の方法。

（イ）望む所の報告を得んには如何にすべきか。

（六）官刊書所載事項の種類。

八、定期刊行文書

（一）読書家案内およびその使用法。

（二）各種雑誌の特質。

（三）雑誌の価値。

九、目録。

（一）著者名カード。

（二）書名カード。

（三）件名カード。

(四) 分析カード。
(五) 参照カード。
十、分類法。
(一) デューイの十進法。
(二) 議院図書館分類法。
十一、図書中看過され易き部分。
(一) 序言（イントロダクション）
(二) 序文（プレフェース）
(三) 表題紙、出版事項（出版地、出版所、年度、体裁等）その他。
(四) 献書記。
十二、索引および目次。
(一) 内容目次。
(二) 索引。
(イ) 頁数索引
(ロ) 内容索引
(ハ) 欄段索引
(ニ) 全編索引
(三) 特殊索引
(イ) 初行索引。
(ロ) 著者名索引。

（ハ）書名索引。
（ニ）典拠索引。
十三、解題。
（一）史上の解題。
（二）科学的事項の解題。
（三）英語の解題。
（イ）リスト式。
（ロ）カード式。
十四、製本。
（一）製本用諸材料。
（二）実用本位。
（三）製本類。
（四）装釘。
（イ）図書と美術との連繋。
（五）書物の印刷および綴方。
（六）各自の書斎向最良製本選択法。
十五、図書館地誌
（一）図書の大別並びに排列法。
（二）大図書館へ初めて入館したる際にその大体に通暁する法。
（三）図書館員——館員は如何なる人たるを要するか——世人の館員に期待する所は如何。

（四）図書館員の吾等に期待する所は如何。

十六、各自の書斎。

（一）如何なる方面の図書を集めんことを望むか。

（二）好む所の十二種の図書を指示せよ。

（三）各州の図書館規則

（イ）公共図書館より貸出して各自の書斎を補充する法。

（ロ）公共の尽力により町立図書館を建設する法。

（English Journal, March 1916, Elizabeth Madison）

第三節　中等学校図書館の管理

二種の型　中等学校図書館を大別して、学校自身で経営するものと、公共図書館との協同経営に待つものとの二種類にすることができる。後者の中にはまた種々の差別があるが、まず大体に於いて図書室、書架、卓子、椅子の類は学校で設備し、図書、雑誌、熟練ある館員、目録並びにこれに附随するものは公共図書館から供給することにし、図書館利用法に就いての講義は英語科、歴史科等の担任教師と協同しつつ主として館員が行うというのが普通の行方である。この方法は学校自身で経営するよりも経済的でしかも効果が多いというので一般に推奨される所であるが、最近の主張に係るので未だその普及の十分でないのは已むを得ない。前述のホール嬢の報告にもある通り、公共図書館と小学校との協同は既に余程の進歩を示して居るのであるが、中等学校に於いては今後の発達に待たなければならぬ。翻って我が国の現状を顧みたらどうであろう。大正四年三月現在の文部省の調査に依ると全国の中等学校で図書館を設置して居るのが徳島中学校と、茨城県龍ケ崎中学校との一校だけである。尤もいずれの中等学校にも図書館または図書室と称するものはあるが、唯幾らかの書物があるだけでそれが図書館らしく経営されていないものには図書館の名を冠らすべきでない。公共図書館との協同に至っては山口および新潟の各県立図書館で県立の各学校へ巡回文庫を廻附する外未だ全く手が着けられて居ない。学校側の考慮を促すと同時に図書館員諸氏の奮起を希望して已まない。米国図書館員は両者の協同を以って公共図書館発展の絶好機会（The supreme opportunity of the public library）であるといって居る。

不振の原因　米国の図書館員が過去十数年間尠からざる努力をしたし、今も尚撓《たゆ》まず続けて居るので、その結果教育機関としての図書館の意義がようやく有識者の間に認められて来たが、しかしながら未だ十分に民衆の心に徹底したとはいわれず、その発達の比較的緩漫なのは、そもそも何に由るのであろうか。これが最近図書館界の問題となって居る。

その第一は教授力を欠いて居ることである。学校では教師が積極的に直接生徒に対して働きかけるのであるから、その教育的価値は何人にも領会されるが、図書館では全く読者の自発活動に待たなければならず、読者の注意を喚起しその読書趣味を開発するに当たってもその手段は間接的でなければならぬから、ややもすると看過され易い。読書倶楽部の部長や大学普及講演等の方では図書館の価値を認めて助力をして居るし、教師側でもそれは結構なことだと言って居る。しかしながら図書館員の真意は未だ領会されて居ない。

第二、図書館員が教育界の事情に通暁せざること。図書館の発展の鈍いのは必ずしも外部にのみ原因があるのではない。図書館員にしていやしくもその真意の領会せられ、協同者として教育界に歓迎されんことを望むならば、先以って学校事情に通暁することを努めなければならぬ。而してこれには教育書を読み、広く教育雑誌に目を通し、十分の理解力と同情とを以って教室内で行わるる教師生徒間の教育的作業を視察するより外に道はないのである。

第三、教師館員相互に領会なきこと。主義としては結構だといって居りながら、中等学校分館の思うように発達せぬのは何故であるかというに、それは教師の方で図書館の実行しようとして居ることを誤解し、図書館員の方ではまた教師の真の要求を洞察し得なかったという二つの事実の重なった結果か、あるいは両者の一方に欠陥があったかに原《もと》くものと見なければならず、随って結局《つま》るところは第一、第二の事情の結果となるのである。

協同管理 然らばこの障碍を除去するに適する図書館制度は何であるかというに、矢張り学校図書館の協同管理、即ち公共図書館の学校分館に優るものはないのである。今後に於いては図書実験室《ラボラトリーオブブックス》、——各生徒がその一生涯を通じて利用し得べき唯一の実験室、即ち図書館なくては如何なる学校もその名に値しないのであるから、この機会を失わず各学校に分館を設置し、熟練な館員の手に依って図書の運用を巧みにし、学校の真の要求を洞察して教師生徒に十分の便宜を与えたならば、教師側でも館員の働きを認めその真意を領会し、学校に無くてはならぬものとして図書館を尊重するようになるであろう。斯くて一度び教師と館員との間に蟠《わだかま》れる誤解が一掃され、両者相互に提携するに至ったならば、教育運動並びに書物の価値に対する思想の革新を来たし、学校にも図書館にも大なる影響を与え、目覚ましき発展を為すに至るであろう。学校と図書館との間に存する障碍が過去の俤《おもかげ》と見らるる時が来たならば、感化の潮流は図書館から学校に流れ、学校から図書館へ流れてここに渾然たる教育機関の系統を完成するであろう。

〔参　考〕

1. M. E. Hall, The development of the modern high school library. (Library journal, Sept, 1915.)

2. H. A. Wood, The administration of high school libraries as branches of public libraries. (Library journal, Sept, 1914)

3. P. B. Wright, High school branches in Kansas City. (Library journal, Sept, 1914.)

4. H. G. Lull,The problem method of instruction and its correlation in library service and administration. (Library Journal, Sept, 1917.)

5. W. H. Kerr.The problem method and its library correlation: A librarian's reaction. (Library journal, Sept, 1917)

第七章　大学と図書館

第一節　大学の発達と図書館の拡張

一　大学図書館の位置

大学図書館と公共図書館の根本的差異は自ら発展の進路を択び得るか否かの点に存する。公共図書館はその機能上学校に従属するのではなく、寧ろ学校と相並行して発展して来たので、随って公共教育の進歩に貢献すべき方法を自ら択び得たのである。「公共図書館は公共教育の成全要素《インテグラルパート》である」という標語を選んだのは学校ではなくて実に公共図書館であったので、公共図書館が公立学校と同様に必要であることを公衆が充分に領会して居ない時に当たっては、声を大にしてこれを唱道する必要があったのである。ところが大学図書館の方はどうかというに、図書館が高等教育の成全要素であることは夙に知られて居ったのであるが、図書館は従属的位置に立って居るので、随ってその発展の径路が自然大学全体の発展に依って規定されるのは已むを得ない。

初期の大学図書館は言うまでもなく初代の課程の反映であった。修養に重きを置く古典科や、法科、医科、神学科等の専門学科は蔵書の範囲を極く狭く限定したのであったが、教科書制度の古風な教授法は大図書館の必要を然程《さほど》強く感じなかったのである。然るに現代に於いては、各分科共その勢力の大部分を緻密な研究に費し、大学院《グラジュエートスクール》に多くの注意が払われ、講義制度や実験室制度が一般に行われるので、図書館は大学構成上重要な位置を占むることになった。

コロンビア大学一九一一年報に曰く「いわゆる人文科学に於いては総べての研究の中心は図書館である。図書館は単に参考図書の蔵置所でなく、熟読する書物の本宅であり、而して読書は精神を鋭敏にし、これに情火を点じ、斯くて研究に堪え得る人物たらしめる。広く読書する習慣のある学生に教授することを好まない教師は決してない。図書館が最大重要物であることを認めないものは大学の一員たる資格を欠けるものといわねばならぬ」と。

一九一三（大正二）年十一月にイリノイ大学で開かれたアメリカ大学連合協議会第十五年会（The fifteenth annual conference of the Association of American Universities）には米国の主要な大学の代表者が集まって真面目に研究したのであるが、その時の議題の中で特に注意を惹いたのは大学図書館に関する二つの研究であった。その一はコロンビア大学図書館長ジョンストン氏の「大学構成要素としての図書館（The Library as a Uuiversity factor）と題する講演で、他の一はミネソタ大学フォード氏の「図書館と研究科（The Library and graduate school）であった。同会議の状況は一九一四年二月の『教育評論《エヂユケーシヨナルレビユー》』に掲載され、ジョンストン氏の講演の大意も紹介されて居るが、更にその全文は『図書館雑誌《ライブラリージャーナル》』一九一四年一月号に登載され、フォード氏の全文は『教育評論《エヂユケーシヨナルレビユー》』の同年五月号に載せられてある。しかのみならず同会議の状況は一九一四年度『米国教育局年報』にもかなり詳かに載って居る。これは確かに大学の成全要素として図書館の重要なることが一般に認めらるるに至った証左でなければならぬ。同報告には大学図書館は近来著しき進歩を為し、多くの大学では図書館の建物が構内建築の中心となるに至り、教育的効果を挙げつつある。大学図書館の真価並びにその重要なることはしばしば論議に上るようになった」といい、次に前二氏の説を簡叙して「ジョンストン氏は大学図書館の真価はその集書の大小よりも寧ろ活用に存することを主張し、フォード氏は図書館利用の便利なくしては如何なる大学も真の大学にあらず、図書館はその奉仕力の強弱如何によりて真の大学らしき業績をあるいは可能ならしめあるいは不可能ならしめるもので、研究科に於いては一日も欠くべからざる最重要の機関である」と論断したと報告して居る。(Report of the Cmmissioner of Education, 1914, chapt. XXII)

二　大学の新教授法

一、多書法　現時教育上の一般傾向はいわゆる少書法《ヒユーブツクメソツド》から多書法《メニーブツクメソツド》に移りつつある。図書館員が常に管理して居る印刷物の真価が認められんとして居る。講義、筆記、教科書その他古風な教授法は今や米国の諸大学の上下級を通じて漸次減退しつつある。教科書は今なお使用されては居るが、それは最早や従属的位置に立つことを余儀なくされた。一つ著書にあることをそのまま暗誦するよりは、多くの書物から得て来た観念の同化という方が重要視される結果、容易に得られない原本に就くよりも手取早い翻刻本などを主として参考用に供する風を生じ、細かな穿鑿《せんさく》よりも博く読破するという方が一般に重ぜられて来た。この傾向の絶頂に達したのは言うまでもなく研究科である。

二、事件法　最近の発達で大学教授法中最有効なりしものの一と見られて居るのは法科教室で生まれた事件法《ケースメソツド》と称するもので、実際事件の予審調書、判決書を材料として研究する方法である。これは一八七一年頃ハーヴァート大学法科のラングデル教授の発案に基づき、十数年に亙る試験的研究の結果発達するに至ったものである。法律学の教授は実際を離れた理論やその註解や、論議や講述に拠るべきものではなく、実際訴訟事件の記録は司法官が重要な原理を適用して事例に制定して居るのであるから、これを直接に教材として用い、事実の上に立って教授を進めて行くべきであるというのがその根本主張である。この立脚地からして同教授はまず民事訴訟に関する重要な事件を選択して教授を開始した。学生等が指定の事件に関する記録を読み了ってから、教師学生協同して該事件の事実に論評を加え、尋いでその基礎に横れる原理原則の討究に移るので、この間教授は断えず質問応答を適度に交えて指導に努めたが、しかもまた出来得る限り学生を活動させることを怠らなかった。学生は研究終了の後、各事件の事実を記誦し、それと共に諸論点と判決との概括をして発表しなければならぬ。この方法の実施に当たっては、教授は余程敏活に質問をかけて討論を進行させると共に、その要旨を簡単に省約して全体に判るように紹介するのが必要で、普通の講義よりも教師の労は一層多いのであるが、学生に深い印象を与えて強い興味を喚起し、活気を増し研究心を鼓舞する効果がある。されば初めてこの方法を実施した当座は旧式な教授法で養成された法律学者の嗤笑《ししょう》を招いたのであったが、間もなくこの方法の教育的効果が旧式の教授法よりも優って居ることを事実が証明したので、ハーヴァード大学法科の如き入学資格の厳格なるにも拘らず非常な発展を遂ぐるに至ったとエリオット総長は言って居る。

この方法は漸次諸大学の法科に採用され、更に他の部にも応用されるに至った。これを直接に応用したのは憲法および外交の研究で、これらの学科は訴訟事件記録に等しい原本が得られるからである。この方法を少しく変化すると経済学の研究にも応用することが出来る。しかしながらここに一つの困難は教授の指定した記録を全体の学生が随時に手に入れることが出来ないことで、この点を補うために事件録の編纂を見るようになったが、しかしこの種の事件録の出版は決して原本の要求を減ずることはない。大抵の法学部ではこの事件録は単に原理研究の出発点としてのみ用いられて居る。この事件研究法は既に医科にも採用され、ハーヴァート大学医科のカボット博士は医学実例教授を編纂した。臨牀医学の方面では余程興味あるものとして迎えられて居る。参考用として原本に代用さるべき事件録の編纂は今の所前記諸学校以外には未だ及んで居ないが、この方法の応用とも見るべき資料参考書《ソースブックス》は歴史、政治学、社会学、古典学、文学等の方面に於いて沢山現われた。これらの書物の性質は学科に応じて相異なって居るが、その根本思想は事件録に基づくのである。その編纂方針は偉人の伝記の要略、優秀な著述家の作品の要諦、あるいは発達の源流たる思想の抜萃等であって、確実な基本的価値あるものであるが、今の所では唯学生の補助的読み物として使用されて居るだけで、未だ根本資料の代用と看做されるに至って居ない。されば事件録《ケースブックス》が法科に於けるが如く他の科に於いても大なる発展を遂ぐべきかどうかは疑問であるが、しかしながら事件法《ケースメソッド》の精神は最早や動かすことの出来ないものとなった。実に多くの大学では教科書の得られない根本資料を提供して教授を進めるようになった。その実例の二、三を挙げて見ると、ハーヴァート大学のターナー教授は米国西部史の講座に適当な教科書が無いからとて百十六頁の目録を作り、千三百冊の書物に含まれて居る二千百余箇条の読み物を指示して、同科に於いてはこれらの書物に就いて毎週百二十頁以上の読過を要すと宣言した。コロンビア大学のロビンソン教授も同様、その担任の西欧学術史の講義には五十三頁の摘要に於いて三百〇一冊の参考書を指示した。こういう例証は大学内の如何なる科目にもあるので、例えばコロンビア大学の地質学科の研究科《グラデュエートコース》では教科書の熟読並びに講義に出席する外に、一学期間に三千ないし四千頁の参考読書が必要とせられて居り、毎週二時間は必ず講義に出席し、少なくとも八時間は多くの参考書を読まねばならぬことに規定されて居る。

〔参考〕1. Eliot, University administration, 1908, pp. 197—206.
2. Hicks, Liblems resulting from recent developments in American Universities.

三、補教制度　最近プリンストン大学に現われた教授法の一種にプレセプトリアルシステムと称するものがある。これは現大統領ウィルソン氏が同大学の総長であった当時に創められたものである。スロッソン博士はその著『亜米利加主要大学《グレートアメリカンユニヴァーシティーズ》』に於いて述べて曰く「米国大学の欠点は皆一様で特色の無い所に存すると思う。互いに他の模倣に努め、模倣の不可能な場合に於いてもなおかつ模倣を装うものである。しかしながら教育的心理学は未だ如何なる事項が如何なる順序で如何なる方法で教えられなければならぬかを明示する程に精確な科学とは成って居ないではないか。……斯くは言うもののプリンストン大学だけは例外である。同大学は機先を制し、他の大学では為さなければならぬことだと言って居ることを逸早く実地に試みることに依って新機軸を出して居る。大きな大学に於ける根本的欠陥は何ぞと問われたら、大抵の教師は師弟間の疎隔であると答えるであろう。教師と学生とは同じ丸太の両端に居るのではなくて片便《かただより》の電話機の両端に居るというのが普通の状態である。然るに今やプ大学のウィルソン総長は補教制度《プレセプトリアルシステム》でこの両者を結合した」と言って居る。

然らば補教制度とは何であるか。これを説明するにはまずその創設の理由から入らなければならぬ。英国の大学教授は一人で多くの学科を兼担して居るが、たとい下級生に対してでも教授が専門以外の学科を担任するのは得策ではなく、殊に下級生に親炙《しんしゃ》して興味を感ずるようになると、専門の研究が幾分阻害されるのは免れざる所であるという見地からして、プ大学では各科に数名の補教を置くことにした。一九一〇年に於ける補教配置の状況は古典科十二人、英語科十八人、近世語学科十八人、史学法制経済学十八人、数学六人、哲学五人、美術及考古学二人、地質学一人の割合であって、科学の方面には未だ及んで居ない。素とこの制度の起こったのは科学が実験室に於ける実習で得て居る利益を人文学科の方に於いても獲得したいという企図に基づくのであるが、しかもこれは科学教授の上に興味ある反響をもたらすことになった。理科の教授は文科の教授よりも三倍ないし四倍の仕事を学生にさせるのは訳のないことと一般に認められて居った。文科の教授が不平を鳴らすと、理科の教授は直にこれに対えて、それじゃ何故に文科に於いても理科同様学生の興味を惹くようにしないのか、そうすれば学生は恰度実験室に集まると同じように文科の各演習室《セミナリールームス》に終日蝟集《いしゅう》するに至るであろうというのが常であった。而してこの語の中にはそれは文科の教授の為し得ざる所であるという一種冷笑の意味を含んで居ったのである。然るにプリンストンでは事情が全く反対で、理科の教授は、補教制度が多くの時間を奪い、学生がそれに興味を有つことの大なる余り理科の研究を閑却すると言ってこぼして居る。そこで理科の教授はその科の学生に一層親炙し補導の実を挙げんが為めに助手の増員を要求する様になった。多くの化学実験室では八人ないし十二人の学生の一群に一人の実験教師《デモンストレーター》が属《つ》き、始終見廻わって間違いの起こらないように監視するだけがその役目であるが、プリンストンでは学生五人または六人毎に一人の実験教師が属き監視し、説明し指導する。

補教制度の実施は大体次の通りである。即ちプ大学の本科生は一時に五科目、各科毎週三時間宛課業を受けるのであるが、その内の二時間は普通の講義で残りの一時間は補教会合《プレセプトリアルコンフェレンス》に配当されて居る。学生は昼でも夜でも都合のよい時に三々伍々補教の書斎を訪れ、余り形式に拘泥しないで学科の主題に就いて討議する。補教は講義に出なくともよし、日を逐うて学科を進めて行かなくともよいが、学生の最も必要とする訓練と補助とを与え、且つ彼らを補助的読書に導き読書趣味を鼓吹すべきものとされて居る。補教《プレセプター》はしばしば某群の学生を他群に移し、以って心意並びに能力の大体斉しいものを集めるようにするので、群の異なるに随い種々の方法を用いその作業の量も質も雑多である。この会合《コンフェレンス》は仕事をするというよりは寧ろ機会を作るものと看做されて居る。補教は学生の等級を定める権利を有たないが、成績不充分と見た場合には学生の受験を拒むことが出来る。学期末に於ける試験官と補教との協議の結果学生の進級が決するのであるが、この時を利用して補教は学生の業績の大体の性質を報告するのである。補教制度の最長所は恐く古い人と新しい人との間に自ら起きて来る友情発露の機会となることであろう。この制度の下にある学生は少なくとも修養あり学才ある人と昵懇になり、己れの熟知せることに就いて復誦的に自由に会話し得る機会を有って居る。学を好むということは一種感染性のもので、直接の交際によりて最もよく影響されるものである。プリンストンに学ぶ青年は感受性さえ具って居れば四年に亙る学生々活中何時かはこの好学心喚起の機会に接するのである。

素よりこの制度の適否は主として補教その人の如何に依って決するのである。補教は親切であると同時に学者風の人であり、学生を知ると同様に書物をも知って居なければならぬ。プリンストンでは出来る限り融通の利くように心掛け補教自身の考案に随って働くことをも許し、彼らをして単なる機械の一輪歯《りんし》たらしめざらんことを念慮として居る。偶には反対する人がないでもないが、この制度は大体に於いて成功である。この制度が学問研究上一大改善を行ったということは何人も認むる所である。補教会合の討議の為めに各学生少なくとも二時間以上を要する科外の読み物が割当てられるので、図書館は以前よりもずっと善く利用され更に会合で暗示された方面のものを喜んで読む風が盛んになった。

（主としてスロッソンの著 Great American Universities に拠りバーズアイの著書をも参考す）

プリンストン大学の当局者はこの制度の長所として次の四点を挙げて居る。

一　図書館の蔵書利用数の増加。（これは研究事項に関する著大なる興味の増加を示して居る。）

二　学生の話題を転じた。（教室を出るや否や直に今学んだ事項の興味を失ってしまうというようなことはなく、今では補教事業から得た興味と討議とは学生の平常の会話の種となり、やがて彼らの生活の中に織り込まれるのである。）

三　構内の夜景を変化した。（殆んど総べての窓から漏れ来る皎々《こうこう》たる光は、学生の多くが余り善くもない方面へ遊びに行かないで自修に努めて居ることを示して居る。）

四　単に面白半分で運動の競技などをする為めに入学する者が著しく減少した。

プリンストン大学は怠ける機会が少しもないので文科に属する諸学校中最も課程の困難な所となり、その結果として入学者は全数に於いて多少減じた傾があるが、実質に於いては確かに真面目な適才が集まるようになり、一学年の終わりに落第する者の数が年を逐うて減少して居る。（Birdseye, Iudividual training in our colleges, pp. 259―261）即ち長所の第一に図書館のことを教えたに見ても、如何にこの制度が図書館の発達に影響する所あるかを知るに足るのである。

コロンビア大学法律図書館長ヒックス氏もこれに関して「プリンストン大学に於ける補教制度の採用は教授法上の一大変革であり、図書館問題をも著しく変化させた。これが実施の初年度に於いて、開架図書三万冊利用の激増した上に本館保留書一万六千冊以上の利用が増加し、なお毎年少なからざる図書購入費を要求することになった」と述べて居る。（Library journal, May 1915）

四、成績考査法　図書館員は上に述べた教授法上の一般傾向より生ずる新要求を予見しこれに適応する道を講ぜなければならぬ。しかしその為めには尚他に考うべきことがあるので、その適例をコロンビア大学で見ることが出来る。同大学では数年前学士称号授与規程の改正があり、学生の学力を詮衡《せんこう》するにその講義に出席した時間数や提出の論文に依って判定するよりも、毎週少なくとも十時間以上講義に出席するなり実験なり読書なり何らかの作業に従事すべきことが要件とせられるようになった。教授は講義時間を減じて一方に組織的読書の時間を増し得ることとなったので、その結果一九一二～一三年度に於ける普通閲覧室図書利用数は約三万二千冊の増加となり、予備書の利用だけでも六千冊の増加を示して居るのである。

三　新教授法と図書館

図書館問題に直接の影響を及ぼす教授法上の一般傾向は前に指示した通りであるが、これと同時に如何なる事項を教授するに当たってもそれと他の諸事項との関係に重きを置く教授法が一般に採用されて居るので、前の多書法およびこの統合法が図書館事業の上に及ぼす影響は研究に値する興味ある事項である。

一、複本の増加　多種類の書物の需要並びに同一図書の需要部数増加の為めに、各科に要する書物の総数は以前よりはずっと多くなった。複本は今や読み物供給上普通のことと見做されるようになり、コロンビア大学の複本増加率はこの傾向を明らかに示して居る。即ち

年度	一九一〇～一一	一九一一～一二	一九一二～一三	一九一三～一四
複本増加数	一一五	一九〇	一二四〇	三五二三

二、部館の発達　米国大学の部館制度は諸種の事情や教授法の改良に伴うて自然に生じた所のもので、その発達の状態を考えたならば思半ばに過ぐるものがある。六十年前の大学図書館《カレージライブラリー》は乱離な集書で、その大部分は役にも立たぬ論文や小編の寄贈品であった。それらは厳重な規則で制限され、一週二回もしくは三回、それも僅かに二、三時間ずつ開かれたのであった。三十年前に於いても、二、三の除外例はあったが、大体に於いて蔵書は貧弱で、その利用も至って不充分であった。当時にありては教授が各専門の書物の蒐集に当たったので、自分の蔵書を参考用として教室に持って来て置いたこともあり、中央図書館から借出したものは何時までも教室に留め置いて容易に返さない。寄贈者は余り利用されない中央図書館に宛てるよりも教授の生きた文庫へ宛てることを好んだ。すると間もなく教授の書架は漸次拡大する集書を収めることが出来なくなり、一教室を書庫に充てることに

なった。こうなると書物は自由に貸出されるようになったが、何らの制限もなければ一定の様式もなく、他の部局の図書館との連絡もなければ中央で統一するでもなく、分科大学のものでもなければ況して大学図書館の関与する所のものでもなく、単に教授の図書館たるに過ぎなかった。

ところが十九世紀の半頃ベルリン大学の史学科教授ランケの首唱に係り漸次ドイツの各大学に拡張された演習所《ゼミナリー》制度が米国にも輸入され、一八六九年にミシガン大学で初めてこれが設けられ、尋いでハーヴァート、コロンビア、コーネル等に採用され、間もなくその他の諸大学にも設置された。斯くて比較研究が大学課程の特相《フエーチヤー》となり、参考書が推奨され要求されるようになり、教科書齧《かじ》り附きは真の修養法でなく、諸種の参考書繙読《はんどく》により相異なれる意見を比較対照することが思考に活気を与え、弁別力を練り、領会を助くるものと看做されるようになった。かかる要求が図書館の内容を充実させその管理を発達させるようになったのであるが、これに伴う図書館員の養成に就いては一向注意を払わなかった。旧式図書館員はややもすれば監視人を以って自ら任じ、学者の利用に供すというよりは寧ろ図書その物を愛《お》しむようになり勝ちであった。然るに新式の教授は図書の利用を自由にしてこれに依って教育能率の増進を図ろうとするようになったが、この要求は実に合理的である。

こういう風で旧式図書館員は新式教授と相俟って部館制度の発達を促したのである。即ち教授の集書から多くの近世的発展が現われ、実験室文庫、各科図書館演習所文庫等となり、最後の演習所文庫にはまた三通の型を区別することが出来る。例えばコーネル大学では蔵書の一部分を分かって別室に備え附け、一部分は一定時間内中央図書館から借出すことにした。これに反して一方では、演習所の蔵書を一般蔵書へ合併し、演習室を書庫に接近して作り、図書検索に便利なようにした。これはコロンビア式と謂われて居るので、多少変形して多くの大学に採用された。第三は研究用集書のみで特別図書館を設けるので、ジョンズ・ホプキンス大学に見る所の如きその一例である。単科大学または専門学校等が大学に併合された場合には、時として蔵書の移管が行われる。数年前コロンビア大学が教育大学を併合してその附属とした際に、教育に関する広大なる集書を教育大学図書館へ移送した如きは、即ちその適例である。この教育大学には工芸、家政、体育の諸専門学校が附属して居るが、家政学校図書館は一九一二年に二千五百冊の蔵書を有し、その大部分は教育大学図書館から引き出したものである。教育大学図書館とその各部館とはその間に協同が行われて居るとはいうものの、管理は殆んど別々である。

法科、医科、理科、工科の各部ではこの部館が比較的早くから発達し、各部館はいずれも中央図書館から分離した特別の集書を有って居ったが、それ等は実験室の仕事と連結し、または或る事項に関する文籍を独立の一群として研究上の便利を図るという点に於いて是認されて居ったのである。而して各部館に備えたものは中央図書館にその複本を備えるに及ばぬものと考えられて居った。然るに最近十数年以来人文科学の領域内にもまたこの部館の設置を見るに至り、今ではこれが殆んど普通のこととなった。これら各部館は必読書として指定された重要な書物を包含し、主として中央図書館に於ける複本を引き出して作り上げたもので、講義所に近き所に位し、講義と講義との間の僅少の時間にも読書し得る便利を図ったもので、善く運用されるということか該制度是認の根拠となって居る。

斯くの如く大学の各科を通じて部館の発展を見るに至ったが、この傾向を何処までも進めて行っても善いか、あるいは多少の手加減を要するではなかろうか、またその管理は如何にすれば最も有効であるべきか等の問題が自然起こって来るので、これに就いては別に節を改めて詳論することにしよう。

三、開架式の普及　面倒な形式的手続を経ずして自由に参考することのできる開架集書の要求が漸次増大する。部館運動は畢竟自由参考要求の一結果に過ぎない。各部館に取っては監視および責任が増そうとも、事務が一層繁多になろうとも、出来るだけ自由に書物に接近しようとするのである。コロンビア大学図書館のヒックス氏はこの点に就いて述べて曰く、各図書館に於いては集書が選択されてあり随って余り多くもなく、また学生を迷わすようなこともないから参考としての書物の使用は透徹して居る。或る範囲内で学生が思いのままに渉猟し得るために総ての蔵書は開架に排列されてある。そこには何ら形式に拘泥することなく書物は目録なくとも直に見出される（コロンビア大学報告一九一一年）と。各教授事項相互の関係に重きを置く結果、同一図書の要求が著しく増大し、無数の複本の購入並びに各科の要求の変更に随って分類を調整し再整する等図書館員が無限の財源を有するのでなければ到底これに応ずることが出来ない。そこで妥協の必要が生じて来て、中央図書館の蔵書の大部分を開架式にして自由接近を許すことにして、これで以って大部分の要求を充たし、部館の範囲を制限する傾向が現われて来た。参考図書館に於いては一般図書館たると部館たるとを問わず開架が多くの役目を尽すので、参考司書たるものは図書利用上に於ける教師となり、単に個々の書物を見出す上だけではなく、或る事項に関するいわゆる文籍を取り扱う上に於いて不断の幇助《ほうじょ》を与える。

四、合成教科書　少書法から多書法への発展は、蔵書の組織を予定す。教官の指示に随い絶えず変わり行く蔵書は事実上合成教科書である。斯かる組織は或る科に必要な読み物が何処に在るかを知ることが出来るので、学生の為めに便利であるは素より、図書館の立場からしてもその蔵書が停滞なく常に利用される為めに必要なことである。而してそれが為めには現に使用中のみ学生の手許に置くことを許し、使用済となれば直ちに返納させ、或る場合には使用時間を限定して一日内に万遍に出来得るだけ多くの需要者に貸与する方針を取る。書名と利用者の名前とを記録して置くと、学生が要求通りに読書して居るか否かも確かめることができるので好参考資料となる。有効なる蔵書組織の完成は教授側と図書館との間の領会ある協同に依るのであるが、しかしまた図書館員に依って解決さるべき技術上の問題をも含んで居る。或る蔵書の部数がその利用上に如何なる関係を有するか。換言せば、例えば二百人から成る一組の学生が二週間内に各三十頁ずつ読まなければならぬ場合に、指定された書物の部数が幾何あれば足り得るか。各学生に不足なく書物の行き渡るためには、図書館員は前以ってこの問題を解決しなければならぬ。而してこれが解決に当たり、その学科の担任教授の意見のみに依る訳には行かない、というのは同じ書物の要求が他の方面からも来ることがしばしばあるからである。蔵書を経済的に且つ有効に処理するのは図書館員の義務であるから、上述の如き問題の提起された場合にそれを解決すべき基礎を予め《あらかじ》作って置かねばならぬ。一九一〇年コロンビア大学では四日ないし二十八日に亙る期間中頻繁に利用された書物の記録が作られた。各書物に就きて次の各項が記載された。（一）部数、（二）一学級の学生数、（三）或る書物の総部数が利用された時間の総計、（四）毎日平均利用数、（五）毎日一部の平均利用数。尤もこれには（イ）各図書に於ける指定された条項の頁数、（ロ）それを読過するに要する時間、（ハ）事項の性質（ニ）代用書の有無等の詳細な記録を欠いて居るから、精細な結論を導き出すことは出来ないのであるが、ざっとした概括は即ち次の通りで、通読に困難のない英米文学では百七十五人から二百人までの級には同一書の複本が五部あれば足り、歴史および経済では十日以内に五十ないし七十五頁通読すべく指定された場合には、五部の書物では六十五人以上に及ぶことが出来なかった。哲学書はその需要が一時に込み合うことが少ないので、三部もあれば大抵は間に合う。

四　課程の発達と図書館

図書館に直接影響を及ぼす大学の発達に二方面がある。一は学科の増設選択等で他の一は学生および教授の増加である。課程の発達並びにそれと選択科目制度との関係は教育史家によって研究されたが、その結果に拠ると大学図書館が倉庫式から研究室式に変遷したのは選択科目制度が課程の厳格守義を打破した時に始まるのである。これ実に明白なる事実であるが、課程が図書館に取って常に興味ある問題であることを一言するも敢えて蛇足ではあるまい。新事項が課程の中に加えられなければならぬということを決定するに至る心的過程は、書物のことを考量の中に入れて居るので、その新事実に関する文籍が相当に現われるまでは如何な事項も真面目な注意を受けることはないのである。これは実に基本的事実であるにも拘らず、新科目や新分科の設定される時にややもすれば看過される。一般的に言えば新事項に関する文籍はそれに要する設備の内最も費用の要る部分で、随って図書館の予算に追加の必要あるは当然のことである。通常新分科は科学としては旧き諸科学の或る位相の結合の結果であるか、あるいは既存の一科学の分派であるか、もしくは諸多の事件を結び合わせんとする企図に外ならぬ。その故に新分科の教官が一般図書館所蔵の集書から特に新事項に関する書物を抽き取り、それで以って新集書を作成せんとするのは当然のことで、随って新書を購入したり、多くの複本を備え附ける為めに費用の増大するのは不思議でない。全く新しい分科の増設はそれに要する図書費の準備されてある場合に於いてもなおかつ図書館に重大なる影響を及ぼすものである。例えばプリンストン大学では研究科《グラデユエートスクール》の発展のために図書館管理上に一大改革を生じ、以前は一般集書の内にあった書物を分離し、以前には必要の無かった仕事を為さなければならぬ必要に迫まられた。コロンビア大学では新聞科の設置に伴い、普通読書室の外に維持費の大層かかる新聞室を備えた大きな部館が出来た。

以上は課程の増加による拡張の方面だけを述べたのであるが、更に夏季学校や夜学校の如き継続に依る方面がある。コロンビア大学夏季学校は一九〇〇年（明治三十三年）に四百十七名の聴講者を以って創めたので、爾来十年間は漸進的に発達して来たが、一九〇九年から一九一四年に至る期間に於いて大躍進があり、千九百四十六人から五千五百九十八人に増加した。正科の授業のない七月から八月に渉る六週間開講されるのであるが、この著大なる発達は図書の損傷と館員の努力とを暇なく強うる。出講の諾否は教授の自由であるが、館員の余計の勤務は当然のことと見做されて居る。また大学普及教授《ユニヴアーシチーエキステンジヨンチーチング》のために教室同様読書室も夜間使用されるので、正科のために備え附けた書物の外に尚多くの新書や複本を要することになる。

学生の増加、教授の増員に伴うて図書館の拡張さるべきは言を俟たぬ。或る期間は取扱上の改良や一般能率の増進によりて間に合わせて行くこともできようが、やがて一大拡張を断行せねばならなくなる。

〔参考〕本節を草するに当たり、その各部分に就いて諸種の著述を参考し、そのことを各項目の下に断って置いたが、全体としては大体コロンビア大学法律図書館長ヒックス氏の Library problems resulting from recent cevelopments in American Uuiversities（Educational review April 1915; Library journal, May 1915.）に拠ったのである。即ちヒックス氏の説を縦としこれに他の材料を附加したのである。

第二節　大学図書館の中心問題

一　部館の管理

大学図書館の管理法に関しては部館問題が議論の中心となって居る。一口に言えば集中主義対分派主義の問題である。図書館の蔵書は特別の使用者の徹底的利用の為めに分配さるべきか、あるいは博く全員の利用に供するために集中さるべきものであるか。換言せば多くの書物は要求の最も緊迫な所に配置すべく、随って当座の使用の為めに複本を備うべきか、あるいは一所に集めて置き要求に随って貸出すか、の問題である。一部の人の便利を図るべきか、あるいは一般の利用を主眼とすべきか、いずれも必要なりとせば両者の要求の衝突する場合に如何にせば最も好都合なるべきか。

この問題は甚だ複雑であるので、教授や図書館員の間に盛んに議論されたにも拘らず、未だ何処の大学に於いても満足な解決を見るに至って居らぬ。目下の処容易に解決が着きそうでもないが、しかしながら何時かは何とか決定しなければならぬとせば、それは単に図書館商議員の経験や提案のみで定まるものでなく、教授側の研究並びにその決議を大いに斟酌しなければならぬ。これは教育方針や経費の点に関係することも多いので、単に図書館員の問題でなく、更に広き大学管理上の問題である。

一九一三（大正二）年の全米大学会議に於ける研究題目中特に注意すべきは図書館に関する問題の二題もあったことであるとは前に述べた所であるが、その際ジョンストン氏は「大学図書館に関する諸問題中に於いて最も重要でしかも最も困難なのは大学内諸図書館相互の関係に就いての問題である」と述べて第一にこの事に就いて論じて居る。

二　集中主義

便利上より見たる集中主義　部館《デパートメンタルライブラリー》が発達すると各部館がそれぞれ独立した図書館の体裁を具えるようになることがある。中央図書館と各部館との間が半マイル以上もあるとか、または別の都市にあるとかいうことのために実際上統一的管理の不可能である場合に管理を別々にするのは当然のことで、各部館がそれぞれ独立の形を取るのは別段不思議はないが、距離が近い場合にもなおかつ分立させねばならぬであろうか。前節に述べたコロンビア大学の如き、中央図書館と各部館との間の距離は僅々三町にも充たぬ程であるにも拘らず、教育大学の各部館の如き殆んど独立の姿を呈して居る。こうなると問題はますます面倒になって来る。距離の長短は実に分離問題の根抵である。書物の利用者は時として相当の距離を往復することを好むことがあるが、この種の人に取っては結局それが保健上必要な運動の機会となり、図書を手にした時に頭脳の清新を感ずるのであろう。しかもまた多くの人は時間の費と、所要の図書を取りに行く為めに研究の中断し、思想の系列の乱れることを厭うて、書物は手近になければならぬと主張する。

さもあらばあれ、ここにはまた他の一面、即ち経済問題が横たわって居る。いずれの大学にも経費の制限がある。然るに此所にも彼所にも図書館が分立すると多くの複本が必要となりはせぬか。これ正しく便利対経済の問題である。この問題は尚未だどこの大学に於いても満足に解決されて居らぬ。

書物の手近にあるのが便利なのは言うまでもないが、さればといって近くにさえあれば常に便利であるとは言いかねる。それは寧ろ集書の大小、整頓の如何に依ることが多い。整頓が不充分で順序が紊れて居れば検索に不便であろう。教授が講義、起稿、または論議半ばに必要な書物を取りに使いをやっても場所が狂って居ると判らない。すると今度は自己の便宜の為めに一定の書物を帯出して自分の研究室にしまい込み、他の教授もまた同様のことを実行するに至るのも敢えて怪しむに足らぬ。自由接近が同時に或る程度の自由帯出を許容するものならば、便利は同時に不便を伴うことになる。各員の要求を充たす為めには各部に完全な図書館を設け、厳重な監視の下に整頓する要がある、否これでも未だ足りないので、更に各教授専用文庫を完備させる必要がある。

コロンビア大学図書館長をして居ったキャンフィールド博士は嘗て大学総長としての経験もあり、教授の要求を好く領会し、充分の同情を有つことも出来る所から、一九〇二年の図書館員会議に於いて一種の調和策を試みた。即ち教授は各専門上必須不可闕の図書若干を各部配当の経費で購入し、各自の研究室に蔵置して自己の専用とし、その他の専門書で他の部局から要求されそうにもないものはかなり長期に亙り中央図書館から借出すことにする。而して教師および学生の時々の需要は好く注意して選択された部館の蔵書に依って供給される。これらの書物で他にも需要のありそうなものは中央図書館貸出用または普通閲覧室参考用として複本を備え置くべきである。教科と密接な関係のあるものは中央並びに他の部館から移管を受けるがよく、時偶《ときたま》要《い》るものは、事情の許す限り迅速に役立てるということ、並びに教師から要求された書物が閲覧室で使用中の場合には、更に緊迫な教授用の為めにひとまず読者の手より回収して需要者に交附するという原則を実行することにして、中央図書館の供給に俟つようにするがよい。斯くして部館の蔵書は成るべく貸出さず、いつでも誰にでも見られるようにして置く。

　学問の各部門が教科目に見るが如く判然区別されるものならば、大学図書館蔵書の分配も訳なく出来ようが事実は決してそうでない。各科学はその特殊の目的並びに観察点が如何に分明に区別されるにしても、通例近接の他科学と連絡を有って居る。近世の科学は一方に分化を増すと同時に著しく統一の方面に注意するようになった。科学中最も特殊のものと考えられる化学でさえも今は物理学と引離すことができない。鉱物学は一方に化学とまた一方には地質学と交雑して居る。生物化学《バイオケミストリー》の如きに至っては生理学と化学とそのいずれに属するかが問題である。啻に自然科学に於いてのみでなく、文化科学に於いては更に甚しいものがある。人種学《エスノグラフィー》は人類学《アンスロポロジー》にも社会学にも材料を提供するもので、社会学は心理学に、心理学は生理学に関係し、民俗誌《フォルクローア》は比較宗教学の域内に踏み入ると同時に文学の内にも入り、文学史と文明史とは互いに相提携し、経済史は政治史と雁行し、更に経済学と結合し、経済学は右に社会学左に工芸学と肩を比べて進み、工芸学は理論的科学の対応物で、最後に科学の理論や原理原則は相携えて哲学の閾内《いきない》に注入するのである。然るにこれらの知識を載せた典籍のみが如何にして分割せられようか。唯その重きに従って分類することだけでも容易ではないのである。

知識相互の錯綜斯くの如しとせば、書物の大部分は諸科の学生に同様の興味を与えるので、早晩各分科では図書館の孤立は予期に反して利益の少ないもので、却って協同の便多きことを覚るようになる。現に大きな大学図書館では漸次この径路を取って居るので、エールやハーヴァートでは集中組織を実現した。一九一四年の夏落成したハーヴァート大学ワイドナー記念図書館はすこぶる宏壮なもので、優に二百二十万冊を容るるに足り、従来各所に散在して居った学内の諸文庫を集中し利用者の便宜を図って居る。シカゴ大学では各所に散在せる諸分科を結合して数群となし、各群に一館を備え、文科の如きは諸群の図書館を中央の連接した建物に集め、それらの集合が事実上統一体を作るようにしたが、便利の上からも経済の上からも利益であるといって居る。これと殆んど同様の方法がコロンビア大学でも採用され、ブラウン大学では更に一層集中管理法の実行を進めた。

経済上より観たる集中主義　上来便利即ち使用者の経済の方面を考えて来たから、次には更に管理上の経済、複本の価格、場所の経済、それに伴う事務の繁多等に就いて考察して見たい。資金の貧少ということはいずれの地も同じことで、あまり繁昌しない学校では実に窮乏の状態であるし、最も隆盛な学校にしても不充分たるを免れない。『エール大学図書館年報』（一九一〇年）に曰く、大学図書館が教育事業の重要なる一要素と認められて次第に発達するに伴うて、大学財政上の負荷が重くなって行く。今日の教授法は一般に学生の手近な所に常に多数の書物のあることを要求する。しかのみならず研究の分化はますます微細に入り、絶えず新しい分科が現われてその度毎にその方面に必要な書物を供給する為めに図書館の費用が嵩み、しかもこの要求に応ずることが出来なければ研究上差し支えが生ずるのである。

書物の要求が劇しければ自然複本の必要が生じて来るので、それは素より費用を嵩めるとしても使用者に更に多くの利益を与えるということであるならば結構であるが、もしそれが単に場所の散在に基因するのであるならば無用な浪費であろう。これは高価な参考書や、雑誌類や、代表的典籍等の場合に特にそうなので、大きな大学の数ある閲覧室に於いて幾通の大英百科全書を備え附ければよいか、年額百六十円以上を要する万国理学文書目録は幾通予約して置けばよいか、衛生工学や、神経系統に関する代表的著作は数ケ所で要求するではなかろうか。要求が絶えず頻繁であるのなら複本は当然のことであるが、偶に要るというのなら、協同が善く行われ、管理法が当を得さえすれば必ずしも複本を備えるには及ばぬのである。大学図書館は全大学の為めに存在するので、その理想的状態に於いては各図書はそれが現に使用中で無い限り直ちに手に入るようでなければならぬ。これは大学図書館の目的であって、管理法の適否、改良意見の価値等を判定するのにはこの立脚地からしなければならぬ。これは善く組織された公共図書館では既に殆んど遺憾なきまでに実現されて居るので、たとい各部館との関係は一層複雑であるにしても、組織が完全で相互の協同が都合よく行きさえすれば大学図書館に於いても同様実現さるべきである。

各分科や演習室用集書が漸次増大すれば勢い図書室の増築に迫られるのであるが、近世の建築はなかなか安くはないし、また専任の管理者を要することにもなる。監視者が無ければ蔵書の順序は紊れ、紛失は多くなり、読書室は談話室と成り易い傾向がある。しかしながら各専門の参考司書《レフェレンスライブラリアン》を兼ね得る管理人を雇用し得る所では、その司書が読者に与える補助で以ってその図書室の価値を高めることが出来る。経費は斯く莫大なる要求に従わなければならないので、最も隆昌な大学に於いても多数の特別図書館を支持するに足るだけの資金を提供し得るかどうかということは実に緊要な問題である。各部館との協同が円満であり組織が完全でなければ専任管理人ありといえども満足な貢献を為し得ない。経費のことに関して今一つ注意して置かなければならぬのは、集書の分布に伴う記録および目録の編製であるが、これは局外者の想像するよりはずっと複雑な技術上のことをも包含するのである。集書が博大であれば各部局に於いて個別目録が必要となる。

学生はまた案内や書物の解説を要求するので、図書目録や、解題や、図書評論というようなものがその役目を勤めるのであるが、これらは総ての目的に対して充分であるとはいわれないので、多くの場合に於いて教師または専門家が一層適切な指導者である。これは特殊読書室に於いて経費が許すならば書史にも通じ博く科学的修養があり、或る専門の知識を有する参考司書の幾人かを任用すべしという主張の一の根拠となるのである。しかしながらこの種の服務には自ら制限がある、というのは社会学者とか工芸学者というものが、その管理の下にある広汎な蔵書に就いて特殊の人々から提起されるあらゆる質問に明解を与え得るということは殆んど望むべからざる所であるからである。然るに担任教授であって見れば各専門の範囲内では有効な幇助が与えられるので、ニューヨーク大学の政治科では教授が更代で毎日午后学生と打雑って読書室で暮らすことにし極めて有益に補導して居る。これは演習主義の拡張と看做されて居る。

教育的見地より観たる集中主義　しかしながら如何に演習が推奨すべきものであるとしても、この種の方法は学生の興味を狭い範囲に局限し、融通の利かぬ人間にしてしまうおそれがある。学生の精神は単に二、三の特殊題目に占有されてはならないので、これらの方面が発達を要するとしてもそれは広い基礎の上に於いてせられなければならぬ。高い見地に立って見れば、これは経費や便利の問題より更に重大なことであるともいえよう。能率の点からいえば狭くとも深い方が得策であろうが、真の修養は包容的でなければならぬ。前者は職業の為めの準備を為し、後者は人格を高める。一般学生は「書物の大学《ユニヴァーシチーオブブックス》」なる博大なる感化の下に僅少の余暇をも有効に用い得るであろう。多くの指定された作業をしなければならぬ図書室で、学生は各自の性向のままに偶然岐路に立入ることや美文学《ベルレットル》を飛読《とびよけ》することに依って測知せられぬ利益を引出し来るであろう。一層完全な知識の養われるのは、単に学者の指導および感化の下に演習室に於いてせられるのではなく、寧ろ不朽の典籍の生きた霊感と交通することに依って得られるのである。この点から考えて見れば代表的典籍や重要な専門書を彼方此方の読書室に配置するよりも、寧ろ所有ゆる方面の代表的作物を集めて中央大閲覧室を完成させた方が一層印象を深くし且つ有効であるではあるまいか。

部館の発達を促すには各部館を各部教授の専行の下に置いた方が善くはないかという意見もある。各学科はそれぞれの専門に随いその性質を異にして居るので、購入書の選択、学生に与うる図書利用上の指導等は教授に待たなければならぬのは素よりのことであるが、購入に関する手続や、記録や、目録の編纂や、製本などの如き器械的な常務的労作《クレリカルウアークス》まで教授の担任としたならばその繁雑に堪えられないであろう。それらは寧ろ事に慣れた専務の図書館員に委して置いた方が都合がよく、部館の方でも結局これが利益であろう。館員の本務である技術上の堪能は或る程度まで知識上の弱点を補い、その集書を整頓し、経済的に管理して行くので、各部局へ相当の幇助を与えるであろう。更に利害の関係する所広ければ、経費の配当と同様図書の選択は或る点まで教授会や評議員会で規斉されなければならず、各部館との協同は集中管理主義で組織されなければならぬ。

以上の論議とそれから導かれた結論は大略三点に帰着するので、即ち便利の問題、経済の問題並びに教育目的の問題である。便利や自由接近の為めには部館が設けられ維持されなければならぬが、それは主として参考実験室用であって、実験室に集書の大切なるは言を俟たぬとしても、それは特に必要な書物だけに限られ、これらは決して室外帯出を許すべきでない。部館参考集書は簡便で何時でも自由に接近され、室外帯出の望ましいものは中央図書館に複本を備えて置くようにすれば都合がよい。或る部局の便利の為めに図書を分割すると直ちに他方の研究者には不便となる。学問相互の関係の複雑である為め蔵書を分割すると必然莫大の複本を要することになり、それが無ければ時々断りを言わなければならぬ。複本を出来るだけ省くには協同が必要で、この協同は集中主義管理法に依ってのみ得られる。

図書館中心設計概要　管理上の手加減は土地の様子や建築上の条件に適応しなければならぬ。訓練主義の大学校《カレージ》から自由主義の大学まで発展が行われ、学生は甚しく増加してその分布の状態は建物の錯綜よりも更に一層複雑を極めて居る。建築上の理想、配景、風致、芝園、樹木、径路の好愛、広大な眺望の好み等すべてこれらのものは作業の便利、費用の経済等よりも、一層強く米国大学の外観を規定する力となった。多くの大学は数次の拡張を経て配置のよくない建物の集合体を作って居るが、現時の当局者は更に一層配景や釣合のよい、雑多の目的を有する諸分科を包含しながらも様式に善き統一のある、立派な高閣《こうかく》を設計するであろう。大学の中央には本部事務室と共に全蔵書を集めた図書館が設けらるべきである。博大な参考集書は普通閲覧室に備えられ、雑誌類や初年級用書や選択文庫等は相接近した読書室に排置されねばならぬ。演習室は研究の主要事項に関する書架に出来るだけ近く接続し、しかも関係ある他の部の蔵書を得るに不便のない場所に布置せねばならぬ。されば中央集書は現代科学の基礎の上に立ち、最近研究の相依関係に注意して良く分類されなければならぬ。各分科は講堂、教室、実験室、標本陳列室並びに各参考集書を有する特別閲覧室等を具備し、建築上の適応力が許す限り出来得るだけ中央部に接近し、橋や図書運搬器や電話等で中央図書館と接続し、これを繞りて聚合するようにするがよい。尤もやや離れて建設されるものもあろうが、それらは都市と法科または医科との間の如き、あるいは森林、田園、鋳造所等とそれらに関係せる工芸学科との間の如き、位置の便利に基づく場合に限らるべきである。

芝生を超えて寄宿舎あり、学生集会所あり、更にやや離れて体操場、闘技場、庭球場、休養所等は広場に設けられて自由の空気に充ち、演芸館や公園は美的創作力を活かして充分の腕を振うべき機会を技師に与えるであろう。

ヴァサール大学校のテーラー総長が「図書館は大学の中心《ハート》である」といい、ハーバー氏が「真に現代的な学校ではその主要なる建物は図書館であって、学校活動の中心となって居る」と言って居るのも、これを文字通りに受けると、一種の夢想に過ぎないとも思われようが、そこに遁すべからざる真理は大学と図書館とは離るべからざる単一体であるということである。この理想は既にシカゴ大学に於いて半ば実現された。

如何なる進程にも見る如く、教育上の問題に於いても直流と渦流とあるもので、分化に向かって来た現勢は今やその対流に依って方面を転ぜられた。即ち科学と工芸とは向上を欲する人間意志の脳と手とであって、その最高思想は哲学でその最高表現並びに創作は芸術である。能率増進の為めの訓練か修養の為めの教育かと問うものがありとせんか、社会化された周囲に於ける最高能率は単なる分化に依ってのみ得らるべきものでなく、また人間らしき生活に於ける最高修養は技術上の特殊能率に依る自己実現を外にしては決して得らるべきものでない。生活の準備を為すべき大学に於いて、未だ癖の固定して居ない精神の修養の為めに広く備えられたものは図書館で、所有ゆる科学文学に自由に接近され、古今の聖賢を伴とし、未来に亙り永遠に存続する不朽の思想と交ることが出来る。最も包含的な図書館は中央に位し、この宝蔵を拓くべき教師はその周囲に集まり、斯くて研究の実績は挙るであろう。

以上集中主義管理法はニューヨーク大学のプリス氏が教育評論《エヂュケーショナルレビュー》に寄せた論文の要旨であるが、ジャドソン教授もまた論じて曰く「この問題の適当な解決は出来る限り本館と連絡するにあると思う。部館は本館に接近せる一室に集められた集書というに過ぎなくなる。そうすると学生が見たいと思うてもその図書館に無い本は他館から

カード型伝票

（上）請求票兼受領証　左端……ハ原票ノ右端ト接続シ請求ノ際切取ル

(登号)	著者				受領証
(注号)	書名				
(注日)					
(先)					
(着日)	版数	出版年	部数	冊数	評価
(仮貸)	出版地 出版社			注文先	
(受配)	大正　年　月　日請求	○	部局		請求者印

（書購入請求票）　東北帝国大学

（下）請求原票ニシテ各部局ニ控トシテ保存シ置クモノ　左端ハ綴込ナリ

著者				
書名				
版数	出版年	部数	冊数	評価
出版地 出版社			注文先	
大正　年　月　日図書館へ請求		大正　年　月　日受領		備考

（請求原票）　東北帝国大学

容易く得られ、しかも相互の送還は極めて簡便である」と。各所に散布せる部館を出来得る限り隣接せしめ、中央集書との連絡を一層緊密にし、研究上の便利を図ろうとする意見はかなり優勢を示して居る。

三　統一的管理法

実際上の諸種の事情を別にして考えたときには、集中主義は確かに有効なる方法に相違ない。しかしながら各大学にはそれぞれ特殊の歴史があり、全部の改築は容易でないから直ちにこれを実行する訳には行かぬ。図書館中心主義の設計は新設大学にこれを適用して多くの効果を収め得るであろうが、既存の大学には改築その他特殊の場合の外これを適用することができぬ。しかもまた各部館それぞれ独立の姿を有し、本館との連絡統一がなければ諸種の点に於いて不利益であることは前来縷説《るせつ》する所の如し。この場合には位置は当分そのままにして置き管理上の統一を図るということが最も急務である。これはいずれの大学に於いても出来得ることであり、またこれを実行して居る所も少なくはない。今その一例としてイリノイ大学図書館を挙げて見よう。

イリノイ大学　は学芸大学、工科大学、農科大学、研究科、図書館学校、音楽学校、師範学校、鉄道学校、陸軍兵学校、体操学校、夏季学校、法科大学、（以上アーバナ所在）、医科大学歯科大学、薬学大学、（以上シカゴ所在）の各分科大学および諸学校から成る綜合大学であるから、随って大学図書館はこれらの総ての蔵書を包括し、統一的に管理されて居る。一九一四年十月の調書に依ると図書約三十万八千余冊、小冊子類七万冊、雑誌三千五百冊を蔵して居るが、その内図書一万四千、小冊子三千、雑誌二百十冊は在シカゴ医科大学に、図書二千百、小冊子五百、雑誌三十五冊は同薬学科に附属して居る。而して本館の蔵書は大小通じて約十七万余冊で各部館《デパートメンタルライブラリーズ》の名称、位置、蔵書数は次の通りである。

各部館の名称	位置	蔵書数
哲学心理教育図書館	リンカーン館	一〇、五〇〇
古典図書館	同上	一三、八〇〇
近代語図書館	同上	一九、四〇〇
英語図書館	同上	一五、五〇〇
史学政治学図書館	同上	二一、八〇〇
経済社会学図書館	同上	一六、六五〇
博物図書館	博物学館	一九、〇〇〇
法律図書館	法律館	一八、五〇〇
商業読書室	商業館	一、〇〇〇
建築図書館	工科館	三、二〇〇
農業読書室	農業館	四、六〇〇
化学図書館	化学館	五、〇〇〇
物理図書館	物理館	一、〇〇〇
数学図書館	博物学館	三、三〇〇
鉄道採鉱図書館	運輸館	一、〇〇〇

本館の蔵書は大学職員研究科生、上級生《セニアークラス》は自由検索が許され、その他の学生も教官の保認証あるものは許される。而して一万余冊は常に閲覧室に備え附けてあって一般学生並びに市民の自由使用に委せられてある。各部館

は必ずしも各科に関する一切の書物を包含することを目的とせず、研究科生および上級生の参考用書を備え附けることを主眼として居る。(University of Illinois, Annual register 1914-1915)

東北帝国大学　に於いても中央図書館に備え附けるものは極く一般的のものに限り、各科に専属すべきものは悉くこれを各教室に配属し、各教室には各部館を設け、全開架を実行して学生に自由借覧を許すことに成って居り、蔵書は極めて有効に利用されて居る。しかもこれらは統一的に管理され、購入手続から記録、製本、交換、寄贈書の受領等に至るまで、総て中央図書館の管掌に属して居る。

統一的管理制を採るに当たっては、各科から図書購入の請求のあった時に、出来得る限り敏速に手続を了し、各部館へ早く現品を配付することが何よりも大事である。この間の作業が敏活を欠くと中央図書館と部館との連絡が円満に行かぬようになるおそれがある。東北帝国大学図書館では次の如き伝票を用いて居るが、これは初めは各部局より所要の図書の購入方を中央図書館へ請求するに用いるので、図書館ではこれに基づいて購入手続を為し、手続すると同時に受配欄(受は受入 配は配烁)に日附を記入し、直ちに各部館へ配属し、ここで前の請求票は何らの手数をかけず唯一つの捺印だけで受領証となり、図書館ではこれを適宜の順序に排列して保存し、証書たると同時に事務用函架目録《シエルフカタローグ》の用をも兼ねるので至って便利である。

第三節　大学図書館の管理

大学図書館の真価は前記ジョンストン氏の言(第七章 第一節)の如く実に活用の上に存する。同氏が大学協議会年会に於いて、図書館管理に関する事項を以って特に興味ある研究問題としたのもこの為めである。

管理上の諸問題　大学図書館管理上の問題はその数決して少なくはない。本館と部館との連絡に関する問題の如きまたその一で最も攻究を要するものであるが、これは都合上特に一節を設けて論じて置いたからここでは省略する。管理の機関としては監督機関たる図書館商議員の組織および権能、実行機関たる館長並びに幹部員から成る図書館参事会の組織および権能、高級館員の待遇等目下さかんに米国では論議されて居るが、本書に於いてはしばらくその紹介を見合わせ、直ちに司書問題に移ることにする。

司書の任用　司書任用資格の問題は図書館に取って重要なる事柄であるが、米国では大学司書たるには少なくとも専門学校《カレージ》卒業の上一箇年以上図書館学校で修業するか、学校に入らなければ大学図書館で二年以上実務を練習したものに限ることにし、部館の司書は各所属の図書を熟知し得るために前同様の基礎的学識の上に一箇年以上当該部の課程を履修することを要することになって居る。これは採用の時に要する最低限度の学歴を示したのであるが、図書館の効用を増大するには館員の学識に負う所が極めて多いのであるから、就任後もその研究を継続せしめるようにしなければならぬ。この見地からすると現時書記部の事務員に強要すると同様の服務時間を司書に要求するのは得策で無いかも知れぬ。下級司書にして夏季講習会に出席するとか、あるいは他の図書館に就いて経営法を研究して見たいと望むものには相当の期間休暇を与えることが必要である。

学術的研究の必要　大学図書館司書任用資格の如何、勤務中書史に関する知識修得機会の如何等はともあれ、最も緊要なる事は図書館の諸問題に対する学術的態度である。他の諸問題に対すると同様図書館問題についても科学的研究を奨励するのは大学特有の義務であって、特に図書館幹部員に於いてそうである。図書館の事務は一面機械的作業の様に見ゆるけれども、他面に於いては常に学術的研究を要求して居り、その機械的方面に於いてもまだまだ改良を要する点は多々あり、無駄な労力を省き、いわゆる科学的管理法を適用して能率を高めんには事実の綿密なる調査と慧敏《けいびん》なる考察とに基づいて適当なる方法を見出さなければならないのである。幹部員の間に研究的精神が覚醒されて来れば、自ら事務の能率が高まるだけではなく、その仕事の成果として現われたものが教授や学生に研究上の便利を与えることになり、つまり大学全体の能率を高めることになるのである。それであるから図書館員の進級などに就いてもこの点に注意する必要がある。世間には勤続年数に依って昇級を決する傾向があるが、これは大いに考え物であろうと思う。勤続年数が昇級の標準になるようになると研究心が衰え事業の停滞する嫌いがある。なるほど長く勤続して居れば大体に於いて事務に練達し昇級に値するけれども、すべての人がそうで、且つその度合が同様だとは言われない。故に館員の昇級に際しては直接実際的価値ある常務的作業の成果と共に、当人が単行の著書なり、専門雑誌なり、新聞なり、あるいは同業者会議の演説なり、その他何らかの方法によって公にした図書館に関する学術的研究の業績に依って定めることにしなければならぬ。現時のごとき図書館事業に於いて学術的研究を要する問題の多数存在する事実に気がつかず、時間と労力とを挙げて常務的事項の処理に注がうとする傾向ある時に当たっては、特にこの点を力説しなければならぬ。これ単に一個人の為めに言うのではない、実に図書館界の為めに言うのであるとジョンストン氏は極言して居る。

司書の人格　大学図書館員には如何なる人物を要するか。まず第一に同情の広い人物であり、古典科への寄贈書も工科への寄贈書も全く同様に衷心《ちゆうしん》から喜んで受ける底の人で、また素人療法に関する文籍に就いても正則医学書と同様の興味を有ち得る人でなければならぬ。一教授が他教授の専門に属する書物を指してくだらない書物で多くの場を塞いで居ると不平を言うのを聴いた場合に、その不平を言った専門家は恐らく自己の領域に於いては造詣の深い人で、自ら専門とする所に熱心な余り、他にはそれほど重要なものは何も無かろうと考えて居るのであろうと思うて、図書館員たるものはその不平をば他人に漏さないようにしなければならぬ。図書館員は厳正中立の地位に立ち、何事をも利用して行かねばならぬ。注意を八方に配り、諸教授の趣味に通暁して居らねばならぬ。注意を怠らなければ人の思いがけないことにも気の附くことがあろうし、天性口上手な人ならば図書館の為めに多くの良書を獲得して大学全体の為めに大なる利益となるであろう。

大学図書館の公開　国民文化の向上という広い立場から見ると大学図書館の公開は極めて必要のことである。蔵書を一部の人の使用に制限しないで広く流通する途を開くべきである。これは第一に図書貸出に関する古臭い地方的制限を打破し、第二に所蔵図書に関して一層よく周知せしめんことを意味する。現時アメリカの学者は集書の貧少よりは寧ろそれら集書の利用範囲の狭隘並びにその内容を周知し難き点に於いて困って居る状態である。ドイツの大学図書館は綜合目録《ゲザムトカタローグ》並びに互館貸借の自由なる制度を有って居るので、この点に於いては一層よく組織されてあり、随ってドイツの学者は各自の背後に一国の蔵書を有って居るというてもよい。

ウィスコンシン大学図書館の開放　大学図書館中自由主義を最もよく発揮して居るのはウィスコンシン大学である。同館では稀覯書《レアブックス》でも古い新聞の綴じたのでも研究上必要とあれば学生に貸与するは勿論、他の図書館や大学で希望とあれば州の内外を論ぜず喜んで貸出す。これは館外帯出には非常に面倒な形式的手続を要するオックスフォード大学とは全く趣を異にするものである。ウ大学図書館の書物を教えるのはあたかも塒《ねぐら》の周囲の雛鳥を数えるようなものでその出入の頻繁なために精確なことの判ろう筈はない。今一つここで面白いのは大学図書館の範囲の明瞭でないことである。大学と州会議事堂との中間に大きな建物があり、新築されてから余り年数が経たないのであるが、蔵書数の増加率が高く最早や収容しきれないで各教室の部館で如何《どう》にか間に合わして居る状態にある。一九〇〇年頃には六万冊の上に出なかったのが十年後には十三万五千となり、更に五年後には二十三万余冊に上って居る。本館は常にこれを利用せんとする学生で充満して居る。それで大学の脈を験《み》るということが言えるならばウ大学は確に勝れた健康状態にあるといえるとスロッソン氏は共著グレート・アメリカン・ユニヴァーシチーズに於いて述べて居る。同大学にはなおこの外に州立歴史学会図書館、ウィスコンシン学芸院図書館が、大学の中央図書館と同じ建物内に併立して大学と密接に連絡し、更に公立学校図書館の蔵書合計百万冊、百五十余の公共図書館の蔵書合計約百万冊、一年間十余万冊を運用せしむる巡廻文庫等が皆大学と密接な関係を有って居る。十数マイルを隔つる片田舎の青年が、一書を飛ばして大学の指導の下に一定の研究を望む旨を申し込んだならば、大学普及部では適当と思われる数十冊の図書を選び、最寄の公共図書館から本人に送致する。斯くの如くして公共図書館は大学の第二中心たらんとして居るのである。

大学図書館相互の協同　教授上差し支えない限り大学図書館を公開するは社会文化の発達上利益のあることである。ウィスコンシン大学が州の設立維持に係る以上州民全体に利益を及ぼさなければならぬという立場から極めて自由なる制度を取って居るのは大いに注意に値するものといわねばならぬ。しかしながら現在の蔵書の利用に就いて最も自由な方針を採るにした所で、それで十分だとはいわれないので、更に蔵書を拡充する必要がある。これに関しては大きな大学図書館の間に分業を定めるが最も得策である。参考用書や、文学上の古典や、科学上の典籍や、多くの新刊図書雑誌の類はいずれの図書館にも必要であるが、唯一個人のみに、しかも一年に一度だけしか要らないというような書物は、多くの図書館に複本を備えて置かねばならぬ理由はない。

大学の発達と出版物の増加とに依り、大学図書館は非常な勢いを以って発展する。米国で調査された結果に依ると最近三十五年即ち人間の一代に相当する期間内に約四倍の増加率を示して居る。この勢いで進んで行けば次の一代即ち一九四〇年頃にはハーヴァートの如きその蔵書数二百万を算するに至るであろうと予想されて居る。こういう風であって見れば近き将来に於いて来るべき大発展に応ずるよう設備の上にも管理の上にも予め考究して置かねばならぬであろう。例えば目録編纂の一事に就いてもなかなか容易の業ではない。敏速にしかも出来るだけ綿密に、作製の手数を省いて、しかも閲覧者に便利なように、内部から見ても外部から見ても能率増進の趣意に適うようにせねばなるまい。これには今のように各館独特の方法で進んで行くのではその成功を期することができない。須らくその短を捨てて長を採り、異を去って同に就き、出来るだけ大連合を作り、複製器械を使用して一度に多くの複写カードを作り、これを分配し利用するようにしたら大いに利益があろうと思われる。

複本の処理　大学の発達に伴い複本の必要が漸次増大することは上に再三述べた通りである。単に便利の点からのみ言うならば複本の数の多いほど都合が宜いが、経費には自ら制限があるから、思うだけ購入する訳には行きかねる。あるいは集中主義の実行により、あるいは部館相互の協同によって、比較的少ない部数を以って間に合わせて行くことができるかも知れないが、無論それとても充分でない。そこで何とか別の方法を講じなければならぬ必要に迫られる。パウルゼンはその著『ドイツの大学』に於いて大学図書館の発達したことを叙し、さて筆を転じて曰く「しかしながらこれで以ってあらゆる不満を除き去ったとは言われまい。書物を要求してもそれが貸出中であるか、あるいは備え附けのないために、失望して出納台から立ち去る人の数は依然としてかなり多数に上って居る。それで自分の考えでは大学図書館に於いても貸出図書館と同様複本の部数は需要に応じて定めることにしなければならぬと思う。これら貸出図書館に於いては需要の多い書物は十部も二十部も複本を購入し、後に至り需要の減じて来た時には古本として売り捌くことを実行し得るのに、独り大学図書館でそれが出来ないというのは甚だ領会に苦しむ所である。充たされない要求は国民に取って知的能力の損失となるということを大学図書館は常に念頭に留めて置かねばならぬ。少なくとも要求したその人は時間を浪費することになるので、二度なり三度なり無駄な足を図書館へ運び、そうして居る間に荏苒《じんぜん》時を愆《あやま》るようになり、それがやがて本人の不快の種となる。あるいはその時に得らるべかりし生気ある興味を失い、無駄な努力から来る失望は、将来図書館の利用を断念せしむる傾向がある」と。これは大いに参考すべき言であると思う。

〔参考〕

1. W. D. Johnston, The library as a University factor (Library journal, Jan. 1914).
2. T. W. Koch, The University library (Library journal, May 1915).
3. A. S. Root, Future development of College and University libraries (Library journal, Nov. 1914).

第三編　社会教育機関としての図書館

第八章　図書館講演

一　図書館広告

図書館活用の利益を知って居る欧米人は、その活用率を高めんが為に開架を実行したが、図書の価値を真に善く領会せる現代人は、それを活用すると云うだけでは満足せず、更に図書その物を生物視しようとするに至った。昔の図書館は倉庫であり、書物の貯蔵所であって、その利用よりは寧ろ保存に力を注ぎ、紛失を恐れては鎖で繋留めたものである。個人で図書を集めたいわゆる愛書家なるものもまた同様で、大切に仕舞込んで置いて時折出して見るのを無上の楽とし、永くこれを後代に伝えて子々孫々までも同様の楽みを亨けさせようと考えた。然るに近代に至ってはこれが一変した。そもそも我らは社会の人々と交りて思想感情を交換し、これに依って生活を意義あるものとするのであるが、しかも吾等の交り得る範囲には時間的にも空間的にも限りがある。我らの友にして時所位の制限を超え、永遠の生命を有するものとては唯書物あるのみ。書物を愛好する洵に所以あるかな。既に書物に生命ありと視るからはこれが取り扱い法も以前とは変わらなければならぬ。金銀宝玉の如き無生物であるならば、これを永く後代に伝えんには叮嚀《ていねい》に仕舞い込んで置くが最も策の得たものである。然るに生物となると事情は異なって来る。数代後の子孫に十分の食糧を遺して置こうとするにはどうすればよかろうか。米俵を土蔵に積込んで置いたのでは役に立たぬこと多言を要するまでもない。良田に種を蒔《ま》き、その実を収めてまたこれを良田に播くようにすれば、所期の目的は自らにして達せられる。書物もまたその通りで、善く耕されたる人の心に植え附けてこそ、その保存永続を全うし得るのである。社会の人々の心が善く修養されてさえ居れば、書物は自らにして繁殖し、良果を結び、更にまた一層繁殖する。数百年後の子孫が手にする所の書物は、今吾々が手にして居る書物では無くして、その写しの、写しの写しのそのまた写しであろうが、しかも書物の精神は完全に伝わりて幾多の人の心に入込み生命あるものとして活動するであろう。もしも世の中の人の心が適当に開発されず、生気の源が涸果てたならば、如何に書物の保存に努めた所で満足に伝わろう筈はない。偶に残骸を見ることがあってもそれは唯物好きの人が好奇心を満足させる骨董品たるに過ぎない。書物の真の保存法は弘く活用させるに如くはない。斯くいえばとて書物外形の保存全く要なしと言うのでは更々ない。欧米人が初期版《インキユナブラ》（紀元千五百年以前の版本）だとか、カクストン版（英国最初の活版業者の名に因む）だとか、中世の彩色写本《イルミネーテツトマニユスクリプト》だとかを尊重愛玩することは実にまた想像以上であって、到底日本の愛書家などの及ぶ所でないが、それとこれとは別問題で、主として普通の書物を取り扱う公共図書館の主なる目的は飽まで活用の増大にある。貴重書を特別扱にすることは前節開架を論じた時にも言った通りで、それが為に一般的立言を妨げるようなことはない。図書の流通活用を増進するには、開架が最も有効な方法であるが、更にそれと相並んで我々の努むべき事が数々ある。まず図書館広告から始めて、筆を進めて行こう。

二　講演

英米の図書館界で一般に行わるる広告法は図書館講演である。ロンドンのフルハム図書館長でロンドン大学商科の図書館学講師を兼ねて居るレー氏はいう、「公共図書館で講演会を開くのは、現今では図書館事業の一部分として承認されるようになった。図書館事業が斯くまで拡張されたのは、一つには現代図書館の建物は大抵講堂《レクチユーアホール》を備えて居るということにも基づくが、また一つは図書館員が彼らの関係して居る図書館をして単なる図書分配機関たらしむるに満足せず、何か特殊の問題に就いて興味を作り出して見たいという熱望に起因するので、その努力がやがて図書館をして真の教育機関たらしめたのである」と。

図書館講演の起源を尋ぬると、その初めは「書物のお話《トークスオンブックス》」という極めて通俗な講話から出て居る。これは別段纏まった話しをするというではなく、書物の出来る順序や、印刷、版画、製本、書物の取り扱い方、保存法などを極く平易に話して行く中に、図書館の利用法、閲覧人の心得、図書館に於ける図書分類の綱領、目録の繰方、図書出納上の心得等を会得せしめるようにしたので、随時有名な書物の解題や、新刊書の批評紹介等を試み、一般公衆をして図書館利用法を知らしめると同時に、書物に対する趣味を喚び起こそうとしたのであるが、それが一般聴衆に解り易く、且つ有益であったので次第次第に盛んになって、或る特殊の題目に就いて前後数回ないし十数回に亙る系統的講演を要求するようになり、それが歴史や、地理や、科学、文学、美術、産業等あらゆる方面に拡張され、それぞれの題目につき、講演の進みゆくに随い幻灯などを応用して趣味を添え、理解を助けるようになったのである。

講演会を開くに当たっては、これを公衆に公示する為に、演題、講演者、内容の項目等を記した印刷物を前以って普く配布するのであるが、その余白に、該講演の内容と関係ある文籍でその図書館に所蔵して居る図書の目録を刷り込んで置くと至極便利であるといわれて居る。その印刷費は無論図書館費の内から支出して差し支えないのであるが、その裏面または余白に商店の広告を載せることにすると印刷費を補うて優に余りがあり、これまた一挙両得の策として推奨されて居る。

図書館講演は講演その物が目的ではなく、これに依って図書利用率を増進させようとするのであるから、蔵書の広告ということが主眼となるのである。講演の題目と直接関係のある書目を広告紙に刷り込むことは前述の通りであるが、尚その外のもので、該図書館蔵書中の最良書へ公衆を導くために、講演と相俟って選書目録を作りこれを公衆に示さんことを奨励して居り、或る図書館では講演中この目録を幻灯で映写するようにして居る。また、或る図書館では講堂の周囲に書物を陳列して置き、講演の始まる前、または終わった後に、聴衆をして自由に閲覧せしめ、望みのものは自家へ携え帰ることを許して居る。これは帯出特許票を持って居ると否とに関せず、一定の期限に返本することの外、何らの制限なく、貸出して居る。こういう自由な貸出法、即ち証書を取らないで全く対人信用で貸すということに就いては問題が起こらないではないが、しかしこれに依って新しき借覧者を贏ち得るということであるならば、寧ろ奨励すべきものと看做されて居る。

三　講演者

次に来る問題は講演者であるが、図書館の広告であるからその図書館の内部のものが出演することにすると、蔵書の広告にも便利であり、講演料も要らないから都合が好いのであるが、図書館員悉く弁舌に長じて居り、各々自から望んで出演するという訳には行かないので、結局少数の館員が始終演壇に立つことになり、その結果題目が或る一方に遍する傾向がある。この欠点を補うために、その図書館区内に住居する知名の人士に講演を委嘱することにしたが、これとても新手を引っ換え引っ換えてという訳には行きかねるので、尚この講演を継続せんがためには、更に他に講演者を需める必要に迫られる。尤も同一題目に就いて長く幾回にも亙りて講演を続けることにし、それが一人の講演者によって為されるようにすれば、講演者欠乏という困難は幾分救われることになる。これにはかなりの養成者もあるが、図書館の立場から見るとあまり感心したものではない。例えば「ヴィクトリア時代の文学」とか「十八世紀の論文家」とかいうような大きな題目は、連続した講演に於いてのみ適当に取り扱われるであろうが、しかし斯かる題目は多数の民衆を招集《よびよ》せるに足るだけの興味を起こさせることが出来ないで、聴衆は概して少数であり、その多からざる聴衆がまた教師とか試験準備中のものとかいう狭い範囲に限られる場合が少なくない。殊に前後密接の関係を有する連続した講演に於いては、好く了解せんがためには規則正しく出席するということが必要となって来るが、一般公衆相手の講演ではそれを望むことが出来ない。図書館からいえば講演その物が目的ではないのであるから、たといその講演はそれ自身としては左程立派なものでなくとも、その取り扱った題目が聴衆の興味を喚起し、更にその知識を深くせんが為に公衆をして図書館を利用せしめるように導くならば、それは効果ある講演としなければならぬ。して見ると内容豊富で且つ秩序あり、首尾一貫した連続的講演よりも、寧雑多の問題を取り扱ったものの方が図書館としては適切であるといわねばならぬ。

或る都市では図書館講演委員が設置されて居るが、これは多くの場合に於いて演題のみ立派で内容の乏しい講演に終わるという傾向がある。そこで図書館協会に於いて講演部を組織し、各地方の能弁家を十分に利用したいという提案が出るようになった。

要するに読書趣味を喚起し、図書利用率を増進するには講演が必要であるということは、最早疑う余地のないものとなり、今はその方法の改良に苦心して居るのである。

四　図書館講演と軍人教育

私がこの事を河北新報で紹介したのは大正四年十一月御大典御挙行の当時であったが、その後暫くたって宮城県立図書館では閲覧者を中心とする通俗講演会や新聞事業に関する講演会などが催された。これらはいずれも初めての試みではあり、その趣旨が十分よく市民に領会されて居なかった為に、大成功とまで行かなかったのは無理のないことであるが、図書館広告の価値は相当にあったことと思う。これらの講演会と相前後して企てられた同館の児童講話会は毎月一回日曜日に例会を開き毎回の聴講者五六百名の多きに上りすこぶる盛況を呈して居る。同館では児童席の外囲に成人席を設け、差し支えない限り、成人の傍聴をも許し、且つ入場者には書物を借覧すると否とに拘らず、閲覧票を交附して居るが、毎月かなり多数の成人聴講者があり、殊に面白いのは兵士が参々伍々打ち連れて入場することである。初めの頃は閲覧票の交附を受けて何にするものかと不審に思ったものも多かったようであるが、段々とその用途が判って来たものと見え、以前に於いては兵士が図書館を利用するものは絶無というてもいい程であったのに、近頃では日曜毎に軍服姿の読者をかなりに多く閲覧室で見受けるようになったということである。如何なる階級の人にも娯楽の必要はある。清新にして有益なる娯楽物を提供しないならば、自然と俗悪な娯楽機関に接近するようになり、趣味の堕落を伴い、遂には品性の破壊を来たすものである。軍人を導いて読書趣味の向上を図り、最初は娯楽的の読み物から次第に戦史戦術に関する著作物に及ぼすようにしたならば、単に風紀上の消極的効果だけに止まらず、軍隊教育上尠からざる好結果をもたらすことであろうと思う。

五　図書館講演と市民の覚醒

図書館講演が図書館側から見て有益であることは上述の通りであるが、更にこれが市民に与うる効果に就いてその一例を挙げて見よう。今から約十年前即ち一九〇五年三月に北米ミシガン州グランドラピッヅ公共図書館の公開講演に、ミシガン大学医科学長ヴォーハン博士を招聘して結核病に関する講演を乞うたことがあった。その時広告の一方法として関係ある書物を公衆に示し、また一方には当時全国結核病予防調査会秘書官たりしファランド博士に書を寄せたところが、博士はその機会を利用して地方部会を組織せんことを勧めて来た。図書館では斯様な会を組織するのは図書館本来の職能であるとも考えられなかったので、その事を某氏に語ったところが、その人が主になって奔走し出し、図書館の講話を利用して趣意の普及に努めたので、間もなく部会が成立し、数ケ月の後には図書館と協同して同市にかなり大きな結核博覧会を開き、会期中は夜も昼も関係ある講演を続け、尚その上約十万の印刷物を配布したので、全市民は結核の恐るべきことを周知するに至った。斯くて思想の普及が行われたのでかなり多額の結核予防費を市参事会が喜んで支出することになった。その結果として同市に於ける結核死亡率がその前の五年と比較して人口十万に対する百十人から九十一人に減少した。以前にはミシガン州の結核死亡率よりも同市の方が高かったのであるが、今では州よりもずっと低くなって来た。爾来年々低下しつつあると同図書館長ランク氏は報告して居る。

いずれの都市に於いても一般市民が都市思想即ちその都市の沿革並びに存在の意義を知って居らず、それが都市の発達を著しく阻害して居ることは蔽うべからざる事実であるが、米国の図書館ではこの欠陥を補うために図書の活用を盛んにする以外に、講演会展覧会を頻りに催して都市精神《シチーコンシャスネス》を養うことに努めて居る。この方面で最も成功を収めて居るのはニューワーク市で、同市図書館はこの目的に適う十分の図書が無いので、必要なものを謄写し、あるいは印刷して博く普及させて居るが、これは市民殊に青年に市民としての自覚を起こさせ、同市民としては将来如何なることに努めなければならぬかという覚悟を得させ、奮励心を鼓吹する上に大なる効果があるといわれて居る。

図書館は単に市民としての自覚を起こさせるだけではなく、更に国民思想を養う上に大影響を与うるものである。図書の活用と共に講演会を都合よく行って行くと、書物から利益を受け得ない人までもその感化を及ぼすことができるので、適当に組み立てられた講演会はあらゆる階級に属する市民の教育上重要なる一機関と見做されんとして居る。御説教を聴くように堅苦しい重い感じがしないで、極く愉快に慰安の積りで聞いて居る中に自ら有益なことを会得するのであるから、図書館の講話は将来都市ないし国家の発達に資すべき貴重なる精神の種子を暗々裡に市民の心中に蒔いて居るのである。

第九章　大学教育普及事業と図書館

第一節　大学普及講演と図書館

一般公衆に対しての講演の外に、図書館広告の一策として大学普及講演と連絡を保つことが弘く行われて居る。大学普及運動は、種々の事情により大学へ入学することの出来ない者の為に、大学の講義を正式に聴いたと大体同じような利益を与えんとして起こったものであるということは、読者の既に熟知せられる所であろうと思う。その起源は一八六六年ケンブリッジのトリニティカレッジに起こった巡廻講演に濫觴し、数年の後ケンブリッジ大学の事業となり、ロンドン大学もまたこれに倣うて運動を開始したが、一八八五（明治十八）年オックスフォード大学が加入するに至って前記二大学を合わせて同盟を作り、多くの改良を施して一定の組織あるものとした。爾来この運動は非常な勢を以って英国内に普及し、最近に於いてはロンドン市内だけでも、毎年冬期間に五十組以上の講演が開かれるという盛況を呈するに至った。この運動は単に英国内ばかりでなく海を超えて米国に渡り、一八九〇（明治二三）年にはフィラデルフィアに於いて「米国大学普及組合」が組織され、北部諸州の各大学は競うてこれを開始し、今は地方開発上著しき貢献を為して居る。

その教授は大体一年間三学期を通じて行う長期講義と、一学期間続ける学期講義と、臨時各地に行う短期講演との三種に分かれる。短期講演はこの運動の主要目的ではなく、寧前二種の講義に聴講者を惹き附ける手段として行われるもので、大して組織的のものでないが、前二者に至っては大いに趣を異にして居る。学期講義は大抵一科目十二回で完結するのであるが、毎回教師はその講義の要旨、参考書目、課題等を印刷した要目を作って、予め会員に配布し予修の機会を与えて置く。いよいよその当日となれば、一通り講演をなし、討議に移り、更に課題に就いて論文を出させ、これを検閲する。時には篤志の者を集めて学級組織にし長期に亙って講義を継続することもある。而して一定の時期に試験を行い、その成績佳良なるものには証明書を与える。この証明書あるものは相当の職業に従事する資格を認められるのである。この運動は知識欲を促し、各の題目に就いて最良の書物へ読者を導き、思想の習慣を養い、系統的研究の方法を暗示することに依って、学生をして最も良く図書館を利用せしめ、また自宅読書、自修等に於いて学生を指導するのである。

この運動の目的が上述の如くであるならば、多くの都市に於いて公共図書館がその講演の中心として選ばれ、また殆んど総ての場合に於いてこれが相互の利益となって居るということは敢えて怪しむに足らぬ。

第二節　大学指教学級《ユニヴァーシチーチユートリアルクラス》と図書館

この大学普及講演と密接の関係を有って居るもので、寧その一変形とも見るべきものに、大学指教学級《ユニヴァーシチーチユートリアルクラス》というものがある。これは極く最近、ロンドン大学の代表者と労働組合の代表者とから成る連合委員を介して、現業員の為に創められたもので、ロンドン市内何処でも約三十人の現業員が集まって一学級を作り、各員規則正しく出席することを誓ったならば、何時でも上述の委員が教師を周旋する。

この学級では秩序ある講義を引続いて聴くので、或る一つの題目、または互いに関係ある数種の題目の一群に就いて、少なくとも三年以上は継続することになって居る。こういう組織的研究の結果は業務上に好影響をもたらすことになるので、技術を要する社会では盛んにこれを奨励して居る。今の所、実業方面のことに限られて居るが、漸次これを人文科学の方へも及ぼそうとして、いろいろの計画を試みて居る。一九一三（大正二）年の英国図書館協会大会に於いて、指教学級督学官《チュートリアルクラスインスペクター》ウィルソン氏は「公共図書館と指教学級」と云う題で演説をした。両者の連絡が相互の利益であることは大学普及講演の場合と同様である。

第三節　読書倶楽部と図書館

前節に述べたのは学級組織で、一定の時日に一定の場所に集まらなければならないので、業務上の関係その他の都合でこれに加入することのできない者が少なくない。この種の人で、しかも系統的に書物を読んで修養を積みたいと望むものは、二、三十人申し合わせて読書倶楽部を作るとよい。倶楽部には一人の部長を置き、倶楽部員が各自読書中に遭遇した諸般の疑を解決するか、あるいは解決に適当な方法を暗示し得る才能ある人を選んで推挙し、研究の題目や書物の選択や、その他一切のことを委任する。この倶楽部が公共図書館と連絡を保つと非常に好都合で、図書館で会合する様にすると各部員は研究事項に関係ある書目を図書館から供給され、且つ図書選択上種々の便宜を得ることができる。こういう風に図書館で室の都合ができて、そこで読書会を開くことができれば結構だが、もし融通がつかなければ各倶楽部員の自宅で廻り持ちで開くことにしてもよい。

上述の倶楽部と図書館の関係は、部員各自が系統的読書並びに討論を試みたいという共通目的を以って組織された特殊の団体にのみ適用さるべきものであって、多くの人の読書は、散漫で無秩序で何ら取り留めのないものになってしまうことが有りがちである。それ故大学普及講演や指教学級の指導を受けない一般閲覧者の為には、相互に刺激し奨励しあい、読み物に就いて適当な案内をする機関があればよいがということは図書館員の一般に気の附く所である。この要求に応じて唱出されたのが国民共読団《ナシヨナルホームリーヂングユニオン》と公共図書館との連合である。一九〇七（明治四〇）年からその翌年にかけてこの問題が論議され、その結果として数ケ条の規約が協定された。その大綱を抄録して見よう。

第一条　本部をロンドンに置き次の事を司る。

（一）読書倶楽部殊に公共図書館で会合する倶楽部の為に部長を斡旋する。この場合には図書館関係者と協同して事に当る。

（二）部長候補者名簿を作成する。

第二条　在ロンドン本部は倶楽部の数および部長の住所、氏名をその地方の図書館へ通知し、各支部に於いても同一様にせんことを勧告する。図書館長は部長に就いて研究の題目並びに会合の場所および時日を確かめ、蔵書中で役に立ちそうな書名を倶楽部に通知し、尚その外に有益な書物があれば喜んで購入して貸与するから書名を知らして貰いたいということを附け加える。

第三条　図書館員が名誉会員である場合には共読団はその図書館へ各題目に関する最良書目録を供給する。

第四条　各図書館長は国民共読団雑誌に現われた、記事を随意に図書館雑誌に転載することを得。

第五条　共読団は各倶楽部のために幻灯利用の摸範講演を準備し、また一般講演の要求にも応ずる。

第六条　図書館に於いて講堂またはいずれかの室が共読団の任意使用に委せられてある場合には、図書館と協同して倶楽部を組織することもあろう。

右の共読団は大なる成功を以って、無数の真面目な研究的読者を作り出した。彼らはもしこの共読団の補導が無かったならば、一人で読まなければならなかったろうし、その結果は指導者がないために、自己の研究事項に向かって何らの光明をも与えない無尽な書物を読んで貴重な時間を少なからず徒費したことであろう。然るに今や倶楽部の集会で討議すれば、彼らを悩ました多くの難問題は瞬く間に氷釈して、時間と精神力とが経済的に使用され、著しい効果を認めるようになった。

北米ウィスコンシン大学で地方の公共図書館と連絡し、州内在住人の読書を指導し研究を補助して居ることは、前編第七章第三節に述べたからここには省いて置く。

第十章　少年少女団と図書館

第一節　少年義勇団と図書館

少年義勇団の起源　少年義勇団といえば直ちに英国のバーデン＝パウエル将軍を連想するが、その由って来る所を尋ぬると、その源を米国に発して居る。この運動の創始者たるシートン氏は以為らく、百年前のアメリカ少年は総て田園生活に接近し、それより直接に得来れる実際的知識を有し、諸種の敏活なる運動に練達し、心身の発育共に完全にして、且長者を敬い、父母に従順に、忠愛の美質を備えて居ったのである。然るに今や不幸にして事情は一変した。都市の発達、職業の分化、家庭教育の衰微は知識を偏狭にし天然の美質を甚く損傷した。もしこれをこのままに放任するときは由々しき大事となるから、今の内に優良なる少年を結合して一大団体を組織し、この反自然的傾向に対して戦を宣し、現代を堕落の淵から救上げねばならぬと。斯くて最も自然なる生活を少年に提供し、自助の精神を涵養し、有為の市民たらしめんとし、その方法として清浄にして健康に適せる狩猟的、斥候的事業を選んだのが即ちこの運動の濫觴であって、これが英国に於いて完成さるるに至ったのである。南亜戦争に出征したバーデン＝パウエル将軍は陣中の経験に基づき少年に或る種の訓練を加える必要を切実に感得し、凱旋後これが組織に尽瘁し、一九〇八（明治四一）年一定の体制を有する少年団を組織したのである。斯くの如くにして英国で完成されたが、その運動の極めて有効である所からたちまちにして各国に拡がり、我が国では現学習院長北条時敬《ときゆき》先生が広島高等師範学校長時代に万国道徳会議に列席され、その実況を見て来られて、その教育的価値に富めることを紹介されたのが初で、今では全国致る所にその運動を見るに至った。今回の欧洲大戦に際して交戦各国の少年義勇団が種々有益なる任務を尽して居る事は夙に一般に知れて居ることである。さればその主義綱領に就いては贅言《ぜいげん》を要しないが、今本節の論述に必要な点だけを簡単に述べて見よう。

主義綱領　少年義勇団運動は少年の精神的、道徳的、身体的発達を目的として居る。清潔で健康に適せる戸外の運動は高尚な心情の発露する機会を与え、且まさに来らんとする成人期のために必要な訓練を与えるものである。夏季野営などに出懸けると普通の子供の容易に接近することの出来ない極めて価値ある多くの事柄を学ぶことができる。団員たらんとするに当たっては、私は吃度私の全力を尽して、神と国家とに対する義務を果し、団則を遵守し、常に他人を扶け、且つ己の身体を強壮にし、精神を覚醒し、行為を正しくすべし（Cn my honour I will do my best: to do my duty to God and my country and to obey the Scout law; to help other people at all times; to keep myself physically strong, mentally awake, and morally straight.）と誓わなければならぬ然。らばその遵守すべき団則はどういうものであるかというに、正直で忠実で、役に立って、友愛で、丁寧で、親切で、恭順で、快活で、倹約で、勇敢で、清潔で、且つ敬虔であれ（To be trustworthy, loyal, helpfull, friendly, courteous, kind, obedient, cheerfull, thrifty, brave, clean and reverent.）という十二箇条が即ちそれである。団員の標語《モットー》とする所は「いつも用意して居れ《ビープレペアド》」、「毎日一善を行え」で、これはその主義とする所を最簡潔に言い表わしたものである。

英国に於ける少年義勇団の団長等がその団員の更に善く図書館を利用せんことを望んで居ることは、第五章第五節に述べた通りであるが、米国に於いては更に一歩を進めて図書館が積極的に連絡を結ぼうとして居る。

図書館との連絡　デトロイト公共図書館のマンチェスター嬢は、少年義勇団と連絡するに至った動機を述べて曰く、彩色写本を鎖で繋いだ時代から活版本を開架に排《なら》べる現代に至るまでにはかなり長い間かかった。代表的なまた通俗な文学上の作品が活動写真の映画幕に閃くことや、その他現に移り変わりつつある情態に目を注ぐと、自ら将来を推し量り、図書館の建物には色々な精巧な設備が出来、現在印刷文字で伝達されて居る知識が何か他の方法で伝えられるように成りはしないかと疑わせる。何事も進歩し変化する世の中に、知識普及の方法のみが、出納台で書物を渡すという唯一方法にのみ齧り附いて居なければならぬこともあるまい。講話というものが何時の間にか吾々の中に忍び込んで来て、最も具体的な形式により、最も善く人心を魅する方法で、文学の企て得る最良のものを児童に与えつつあることに、殆んど人は気附かずに居るように見える。しかもこの新傾向は従来個人的研究に依りてのみ得られた地理、歴史並びに専門事項の広汎な知識を、それぞれ専門家が幻灯入りの通俗講話で、忙がしい成人にも解り易く説明することとなり、今や更に青年の心を収攬《しゅうらん》せんが為に各種の倶楽部に手を伸ばそうとして居るので、デトロイト図書館がその分館を通じて少年義勇団なり、少女営火団なりを発達させようと企つるに至ったのもまたこれに外ならぬ。数年前より少年少女の文芸並びに科学に関する倶楽部を図書館事業の一部として経営して来たのであるが、しかも読書の一方法のみでは、その感化を青年の大多数に及ぼし得ないのを憾として居たので、この種の階級の知的開発を促さんとするのが、この事業の根本思想であると言って居る。

然らばその結果は如何にというに、以前は決して図書館を利用することのなかった少年も義勇団に入るとその団長より与うる功過表組織により、クーパーやオーデュボン、クロケット等の伝記を読まざるを得ないようになった。図書館がその発達を促がすと言っても直接それらの団隊を指揮するのではなく、それを編制しその集会所として館の一室を提供し、関係ある書物を購入し分配するに止まり、団員は団長の指揮の下に在り、該団長は義勇団本部から派遣されることもあり、便宜上該事業に興味を有って居り且適任者と認められた館員がその任務を兼ねることもある。これらの諸団は順番に応急手当法《フォルストエイド》、天文その他に就き専門家の教育を受ける。各団はそれぞれ関係せる分館の名を採ってその隊に命じ、或る所では館員が庶務を弁じ会計係として夏季野営の資金募集に尽力して居る。図書館では各種の作業に関係ある講演会を開き、あるいは写真や貼札《ポスター》や報告類を陳列して彼らが働き振を附近の民衆に紹介する。

不良少年団の退治　前に述べた彼らの標語《モットー》が示す通り、彼らは常に個人的になり、また団体的になり、人の為に助力せんとして居るのであるから、適当に管理された少年義勇団は間もなくいずれの社会に於いても大切なものとなる。今その一例を挙げると、一婦人が助力を需めに来たことがある。聞いて見るとその家族は現住地へ転住してから間がないのであるが、どうした訳かその二人の子供が不良少年団の為に迫害されるので、如何したらよいかと途方に暮れて居ると、一人の子供が「少年義勇団が辺《あた》りに居ったら不良少年は恐れて私共に手を出さないであろう」と言ったので、婦人はなるほどと思って早速依頼に来たのであった。そこで団員の一群をその家に派遣して事情を探り母親ともよく相談した結果、ともかく不良少年団の行動を注視することにし、もしそれで効果が無ければ更にその難境を処理すべく、増援を乞うことに決定した。ところがその附近に出没して居った不良少年団は間もなく義勇団の監視して居ることを覚り、且つ彼の小さな子供から、義勇団員が何の為に来たかを聞知したので、たちまちその悪事を止めてしまい、単に義勇団員が居るということだけで再び同様の事件を耳にしない様になった。悪戯者は何時の世にもある。斯かる児童を導いて一日一善を実行させるようにしたら如何であろう。その初に当たっては余程滑稽に見ゆることもあろうが、それを毎日繰り返して居れば性格の上に評価すべからざる好影響を与えるに相違ない。デトロイトの各分館には義勇団専用の善行箱《グードターンボクス》が備えてあり、所属団員の実行した善行の記録を投入することにし、毎週例会の席上で実行者の名前を秘してその善行録を高声に朗読し、その評価を投票で極めることにして居る。少年義勇団運動の趣旨が団体的精神の陶冶にあるは勿論であるが、それは必ずしも軍隊的精神にのみ限るのではなく、寧敬虔の念に基づき道徳実行の訓練を与えようとするので、中世紀に行われた騎士教育の一変形ともいうべきである。

デトロイトの各分館に少年義勇団を連絡させたのは心理的根拠の上に企てられたものらしい。一九一三（大正二）年に六分館の増設を見たが、それは恰度その地方に現われた同数の不良少年団を手懐《てなづ》け制御し、誘導せんが為であった。程なく少年義勇団の組織された分館ではそれが大いに役に立った。彼ら団員は警察で持余した難件を訳なく処理するを得たし、あるいはまた不良少年団を少年義勇団に改宗させたこともあり、斯くて短日月の間に秩序を回復し維持するを得たのである。実に図書館は教会にも学校にも行かない少年少女を感化するには最も適当な地位にあるので、義勇団長なども図書館軍が最も有力であると明言して居る。図書館は何ら特殊の宗派に関係することなく、公平無私一視同仁であるから。

斯くの如くにしてデトロイト図書館では好成績を挙げて居るのである。尤も英国で出来た少年義勇団《ボーイスカウト》綱領《マニュアル》の原版に拠ってそのままに翻刻した時には、労働者に不利な箇条があるというので労働会長から抗議があったので、直ちにその綱領の全部を回収して抗議ある箇条を削除した事例もあって、外国で出来た綱領をそのまま用いると弊害も有ろうが、これを国民性に適合するように改正し、その根本精神を汲んで少年の指導に善用したならば必ず効果のあることと思う。

〔**参考**〕（一）Manchester, Relation of the Library to the Boy Scout. and Camp Fire Girl movement (Library journal, Oct 1914)

（二）オーデュボンは一七八〇年ルイジアナに生まる。幼時より鳥類の習性観察に特殊の興味を有ち後パリに学びロンドンに遊びアメリカ鳥類（The Birds of America）と題する大著あり、博物学大家キュビエーはこれを以って鳥類学上の空前の大貢献なりと激賞した。その他著書沢山あり。Audubon the Naturalist in the New World, by Mrs. Horace Saint John, 1856; Journal of the life and labours of J. J Audubon 等は氏の経歴を見るに適す。

（三）クロケットは一七八六年テネシーに生まる。狩猟家にして特にその冒険と放業とに富めるので有名である。自伝（Autobiography, 1834）あり。

第二節　少女営火団と図書館

大正五年四月十六日の万朝報は「少年処女会調査」と題して次の記事を載せて居た。

少年処女会調査　内務省は地方青年団に附属する少年団、処女会等を設置せしむる事に関し、調査中なれば、あるいはまたこれに就き訓令を発するに至るやも知れずと。

既に少年団の必要があれば少女団の必要があるのは当然である。尤も性を異にする以上その取り扱いを異にすべきは言うまでもないが、適当な注意と監督の下に行われたならば必ず効果のあることと思う。故にこの種の施設に参考となるべき少女営火団に就いて簡単に述べて見よう。

少女営火団《キャンプファイアガールズ》　はCamp Fire Girlsの訳語である。少年義勇団に就いてはかなり前から委しく紹介されて居たが、この少女営火団に就いては余り紹介されたのを見ない。入沢宗寿《いりさわむねとし》氏の著『輓近の教育思想』の中に数行ばかり書いてあり、女学校の郊外運動等に適用したら効果があろうと述べてあるが、その名称は少女露宿団と訳してある。該団はその綱領にも書いてある通り、「少年義勇団が少年の修養を目的とするが如く少女の修養を目的とする」もので、性の異なるに従い、前節に述べた少年義勇団とは唯その実施の方法を異にするのみである。空気の清らかな健康に適する郊外に出て、見聞を広め、友愛の情を養い、困難に打ち克つ修養を積む間に、将来主婦として必要な料理手芸等に熟達せしめようとするので、露宿団としても全然外れて居る訳ではないが、大切な該団の根本精神を閑却することになりはしないかと思うから、一言弁じて置きたいと思う。

主義綱領「少女営火団は第一に火に重きを置く、それは少女の象徴であり、また家庭の中心に立つものである（The Camp Fire Girls place the emphasis first on Fire, which is their symbol and which stands for the centre of the home）」とその綱領にある所から見ると火◎の字を省いてはその意義を失うことになる。火が家庭の中心となるというは単に炊事をのみ意味するのではなく、実に炉火の熱気《ほとり》で家族の心を融会し、これを統一する枢紐となり、家庭団欒の中心点となるを意味するので「埋火のあたり長閑《のどか》に同胞《はらから》の団欒《まどい》するよは楽しかりけり」は洋の東西によって異なるものではない。況んや婦人の温情、これなくては婦人の特質を失い、その様な婦人が中心となって出来た家庭は秋風蕭条《しゅうふうしょうじょう》、実に殺風景極まるものであろう。さればこの訳語には必ず火の字を保存して置かねばならぬ。該団の標語は労健慈《ウオツチウオーツウォヘロ》（Wohelo）で、それは労働《ウアーク》（work）健康《ヘルス》（health）慈愛《ラブ》（love）の各語の頭を取りこれを組み合わせて作った言葉である。団員は十代《チーンス》（但し十一、二歳を除く）の少女で、団長は全国連合本部《ナシヨナルボールド》から任命される。団長はこれを「火の保護者《ガージアンスオブファイア》」と称し、その任務は団員たる少女の道徳的、精神的、身体的進歩を図るにある。

図書館との連絡 デトロイト図書館では少年義勇団同様少女営火団とも連絡を有って居り、分館の一室をその倶楽部に充て、毎週一回会合することにして居る。更にその団結を鞏固にする為に団長《ガーヂャン》は毎月一回自己の家庭に団員一同を招待する。図書館では応急手当法や籃作り《バスケットリー》、珠繋ぎ《ビードウオーク》等の科目が教えられ、その作業中断えず女司書が面白い書物を朗読したり、あるいは講談を語りなどして興味を添える。斯くして図書館と協同した結果は如何というに、嘗ては軟文学の外決して何物をも読まなかった多くの少女が、応急手当法を教えられ、それに就いて興味を有つ所から、フローレンス・ナイチンゲールやクララ・バートンの伝記を繙くようになり、営火団の起源をなして居る土人物語《インヂアンレジエンド》を研究することからその古譚を喜んで読むようになったということである。

創立および維持に要する費用が少女営火団運動の非難される唯一の点であるが、全国連合事務局秘書官パーカー嬢などは次のように言って居る。「吾々は絶対的に自弁主義でなければならぬと信ずる。少女が無代《ただ》で何物かを得んと予期するような癖を附けられずに、物を得んには自ら相当の努力をしなければならぬという精神を陶冶される。彼らの一生涯を支配する。経済主義は少女営火団で教えられるのである。少女は自らその費用の一部を負担して居ることを思うとその団体の編制に就いて一種の誇りを感ずる。一人一年の醵金は五十セント（我が一円）で十分である。尚その他にも多少の費用が要るが、それは各の望次第で多くも少なくもすることが出来る。デトロイト図書館では斯くの如く少年少女の団体と連絡を取って居るが、いずれも大成功であるといわれて居る。これは図書館の発展に関して一新例を作ったものであるが、それは決して図書館の社会的職能を不相当に拡張したものではない。

〔**参考**〕（一）ナイチンゲールに就いては贅言を要しないが、バートンに就いては一言するも蛇足ではあるまい。クララ・バートンは一八三〇年マサチューセッツの北牛津《ノースオックスフォード》に生まれ、教員特許局書記等を勤め、その後篤志看護婦となって赤十字事業に尽瘁し、一八七七年推されて米国赤十字社長となった。

（二）Manchester, Relation of the library to the Boy Scout and Camp Fire Girl movement.

（三）本書の稿を了えた後、加藤成俊氏の『輓近教育施設』が公にされた。同書には少女露宿団のことがやや委しく紹介してあるが、氏も入澤氏の訳語には疑を挟み、少女炉辺団の方が可なるべきかと言ってある。

第十一章　活動写真と図書館

第一節　読書と活動写真

かなり充実した自己専用の書斎を備え、これで大抵の用事を足すが故に公共図書館の必要を左程切実に感じない一階級があり、社会的地位は最も優勢であるが、その人数は至って少ない。次に書物の価値を領会し、善く公共図書館を利用するやや大きな階級があるが、しかし、これも社会の全人口に比較すると、数に於いては尚その一小部分たるを免れない。この二階級の中に入らない大多数の人々は図書利用の途を知らずに居るのであるから、これを教え導くは社会全体の進歩発達の為に必要である。

アメリカの或る地方に一人の娘があり、五冊の書物を持って居た。その内一冊は聖書、二冊はクリスマスの贈物として人から貰ったものであったが、他の二冊は別に離して暖炉の棚に置いて居た。何故それを他の書物と一所に置かないかと問われた時に答えていうには、これは今読んで居る書物で、他人の目にとまり、読みさしの印を動かされると困るから、斯くして別に置くのであると言った。彼女は他人に読みさしの印を動かされでもしようものならまた最初の頁から読み始めなければならないのであった。彼女の知力は至って貧弱で、自分の一度読み終わった所と、未だ読まない所とを区別することさえできないのであった。彼女は実に憫むべき一人であるが、しかし顧みて社会の実際を考えて見たならば、この種の型に属する人はすこぶる多数に上るではあるまいか。手近かな所に良書善籍のあるにも拘らず、これから何らの知識も報道も得ることができず、あるいは極めて粗雑な断片的の知識だけは得られるにしても、それを総合した全体の意味を覚ることができず、あるいはそれより何らの判断をも導き出すことを得ないものは、目に一丁字なきものと相距ること幾何であろう。一通り小学教育を受けて文字の読み方を習ったものでも、知能の開発されて居ないものは、卒業後幾年ならずしてこの部類に入ってしまうのである。この種の人々に対しては、今までの所、図書館は殆んど為すべき途がないとして一向顧みなかったのである。しかしながら彼らもまた社会の成員であり、国家の公民である、しかもその数に於いては知識階級の人々よりもずっと多いのである。多数の彼らをそのままにして置くのは国家社会として果たして策の得たものといえようか。図書館は学校と唇歯輔車の関係を有って共に公共教育の発達に力を尽すべき一機関である。学校が児童期に於いて将来生活の準備を為すが如く、図書館は学校の余せる長き生涯中に起来る諸般の問題に就いて有力なる補助を与える。一方は他方の闕を補い、公民養成上共に必要であり、随っていずれも総ての人に行渡らねばならぬ。今や学校は普く学齢の各児童に及んで居る。図書館もまたこれと同様普く各成人に及ばなければならぬ。然るに事実は上に述べし所の如し。図書館が彼らに対して施すべき途なしというは果たして正当と認められるであろうか。

昨年の冬、パセイック図書館では児童を通じてその父母に読書趣味を鼓吹しようとして、同市教育課長の同意を得て一万通の書面を配布した。その書面の前半は、児童向きの面白い書物が沢山あるから図書館へ見に来るようにというので、本章には直接必要がないから省略するが、後半に於いて、

諸子は既にこれらの書物を利用しつつありや、未だ利用し居らざるのは速やかに来館せよ。諸子の父母にして図書館を利用せんとの念あらば、諸子は両親に告げて、図書館員は父母の為に適切なる書物を選択し、諸子に託して各自の家庭に持ち帰らしむべしと伝えよ。諸子は諸子の母の為に小説、料理、裁縫、育児等に関する書

物を持ち帰り得べく、また父の為にはその職務に必要なる知識を拡め、更に良き地位を獲得する助けとなるべき書物を帯出し得べし。もし諸子の両親にして英語を読み得ざる場合には図書館はドイツ、ポーランド、イタリア、ユダヤ、ハンガリー、ロシア、その他の国語にて書かれたる書物を貸与すべし。各種の書物は図書館にて諸子の来るを待てり。諸子よ今日速やかに来たらずや。

と書いてあった。市内各学校の教室でこの手紙は朗読され、更に十分ないし十五分間はこれが説明に充てられた。而して各児童はこの手紙を持ち帰り、その晩父母に尋ねてその国籍並びに父母の職業、父母は既に図書館を利用したることありや、彼らの図書館に要求する所は如何等の数件を知り、その翌日返書を認むべきことを命ぜられた。図書館では斯くして集まった多くの答書を審査し、その優秀なものには賞与を授けたのであったが、その数ある答書の中には「私の母は図書館の必要を認めません、何故かというに、書物を読むよりもずって速判《はやわか》りな活動写真がありますから」というのもあった。実に活動写真はその場面の転換が迅速で、筋書の全体が手取早く見られることと、各段節毎に甚しき強勢法が用いられて観覧者に深き印象を与えることとに依って世俗の嗜好に投じ、その発明後未だ幾何ならざるに今は世界の各国を通じて非常な勢いを以って流行して居る。

第二節　活動写真の流行

事物の活動状体を撮影し、これを幻灯で映写したいという希望は、静物映写に次で起き来たる人心、自然の要求である。写真術、幻灯術の進歩に伴うて早撮写真を連続映写に応用しようと試みる人が現われて来た。その第一人者は米国のミュイブリッジで一八七七年頃からその研究に着手して一部の成功を収め、尋いでドイツのアンシュッツはこれに改良を施したが、両氏の機械はなお多くの欠点を有って居た。一八八八年にフランス人マレーが巻写真《フィルム》を発明し、その翌年グリーンがセルロイドの巻写真を用うることを考出したのは活動写真沿革上特筆すべきことである。爾来改良を加えられ、いよいよ劇場で映写されるように成ったのは十九世紀の極く末葉、仏国リヨンのルミエール製造場がこれを世界に弘めるようになってからである。これが興行はまずフランスより、ドイツに拡まり、尋いで米国に渡り、出現後未だ二十年に満たざるに、今日いやしくも文明国と謂わるる国々に於いては、いずれの地にもこれが興行を見るに至ったのである。およそこれまで世に現われた娯楽物の内で、この活動写真ほど素晴らしい勢いで拡まったものは外には無い。これを以って観てもこれが如何に民衆の好尚に適合して居るかが知られる。

今回の大戦開始当時に於いてベルリン市内だけでもこの機械を取附けた劇場が四百余に上って居り、ドイツ全体では二千館以上に達して居た。而して各館一日の平均入場者四百五十人の割に成って居るから、ドイツ全国では毎日百二十五万人の観覧者がある訳である。米国では更に隆昌を極めて居り、同年度に於ける検閲官コックス氏の調査に依ると、その館数実に一万七千の多数に上り、更に続々増加しつつある。もし各館の平均入場者をドイツのと略同じと仮定すると、毎日の観覧者は実に七百万人以上に達する。随ってフィルムの需要の大なるべきは当然のことで、米国内で一週間内に作らるる新巻写真の延長百五十万フィートに垂《なんな》んとして居る。我が国に於いても十数年来各地に行われて居るから、その館数余程の多数に上って居ることと思うが、未だ統計に表われて居ない。著者はこれを知らんとして各種の統計書類を調べて見たが、遂にその目的を達し得なかった。唯三田谷氏の調査せられたものと、帝国教育会で調査せられたものとの二報告のみを得たのである。前者は広く各地方に亙って居る点に於いて優って居り、後者は東京市内だけに限られて居って範囲が狭いが、その調査事項の詳細なことに於いて優って居る。この二報告に依ると、東京市内の活動写真館は六十九で、同市の人口を二百万とすると、約三万人に一館の割合に当たり、その他の都市に於いては人口約三、四万に対して一館の割合で常設館の存することが知られる。

第三節　活動写真の教育的利用

活動写真の流行斯くの如く盛んで、毎日非常な勢いを以って観客を吸収して居るのであるから、これが社会に及ぼす影響はすこぶる甚大である。これが取締りは最も重要なことで、もしその方法当を失したならば、社会に大なる害毒を流すことになるであろうし、これが利用の方法宜しきを得たならば社会の向上を促進する上に大なる寄与をなすであろう。数年来、欧米各国に於いてこれを教育上に利用せんとする運動の盛んになって来たのは自然の勢である。Filmarchiv für Lehr-und Unterrichtszwecke の報ずる所によると、ドイツに於いては学術的な、もしくはこれに関係ある材料を撮影したすこぶる教育的価値に富める巻写真が既に多数作られて居ったが、一九一三（大正二）年の十月にはベルリンに巻写真図書館が開始され、学校その他の教育団体に貸与するようになった。地理や博物や社会事象の記録には至って重宝なものであるから、これが顕微鏡と共用されると学界を益することすこぶる大なるものがあろうと予期されて居る。その翌（即ち一九一四）年の一月二十二日には米国のウィスコンシン大学に於いて映画教授部《ビューローオブヴィジュアルインストラクション》が組織された。このウ大学は大学普及事業を以って知られて居るが、これもまたその事業の一として新設されたもので、教育的巻写真を蒐集し、これを教育団体に貸与するを目的として居る。この新部局の主事ダッドレー教授は州立師範学校の生物学を担任して居ったこと十七ケ年におよび、その間、輪写幻灯《ステレオプチコーン》や活動写真を教授に応用して好果を収め、且これを州内各学校に貸与したので、映画教授の熱心家として博《ひろ》く知られて居ったのである。この部局の初めて設けられた一月に於いては幻灯映画千二百個、巻写真六巻を有して居ったに過ぎなかったが、氏は鋭意これが蒐集に努め、その六月の初めには一万九千有余の幻灯映画と二百二十巻の巻写真とを七十校に貸与し得るに至った。同州内の学校中、約二十は活動映画機を備えて居ったけれども、巻写真を有って居る所は一枚も無かったが、大学普及部から借りることが出来るようになったので、新しく機械を備え附ける学校が増加して来た。それで同大学ではその需要に応ずる為に学内に巻写真製作の設備をなし、絶えず新しきものを提供して居る。

学校活動写真用として価値ありと認めらるる所のいわゆる教育的巻写真の数例を挙げんに、第一に礼儀を数うるものには一方の卓子に行儀正しき八人の生徒他方には無作法極まる他の八人の生徒を対照せるもの、衛生思想の養成に資するものには衛生的食物の調理法、善き家庭と良き子供、病弱な胃嚢の中へ食物が摂取されると如何に成行くかをエッキス光線で示したいわゆる不消化と題するもの、血液循環の状態を示した心臓の働きと題するフランス製の巻写真の類があり、実業思想の喚起には果実の成長、球根草、草花の培養、蜜蜂飼養法等いずれもウィスコンシン学校で映写されて好果を収めた所のものである。実業巻写真を最も多数に有って居るのはフィラデルフィア博物館であって、石炭採掘から縫針の製造、手巾の織方から戦闘艦の建造に至るまでいやしくも実業に関するものは悉く揃うて居り、全部教育的価値に富めるもので、入場料を取らぬ所ならどこへでも無料で望みのものを貸与する。同市実業家がこれによりて大いに得る所あるは言うまでもないが、殊に職業の選択に就いて考慮を回らしつつある青年に取りては、この上なき助言者となって居る。この事業の創められた時、ハーヴァード大学名誉総長エリオット氏の賛辞にいわく、「活動写真によりて実業教育を施さんとする計画は至って望ましきことである。曾てベンジャミン・フランクリンが職業選択に就いて考えつつあった時に、彼の父は当時各種商工業の中心たりしボストン市にその子を連れ行きてその実況を見せたが、その後間もなくフランクリンは印刷業者たらんと決心したのであった。今の企図は恰度フランクリンの父が行ったと同じことを大規模に実行せんとするものである」と。上院議員スムート氏もまた言を寄せて「米国の諸大工場で行われる各種製造事業の過程は、これを他の方法で学習し領会せんとするには数年の日子を要するが、眼前に映写されると訳なくその大体に通暁することができる」と言って居る。

活動写真を教育上に応用することの極めて有利なるは上述する所で明らかであろう。しかしながら今遽かに学校にこれが設備をなすことは甚だ困難である。よしまたそれが出来るにしても、各校別々に各種の巻写真を備え附けようとすると多くの重複が生じて経済上甚だ不利であることは争われない。この場合最も都合のよい地位にあるのは図書館である。図書館には大抵講堂が設けられてあるから、僅かに手を入れるとこれを映画室に充てることが出来る。さればニュージャージーのエッジウォーター図書館では第八章に述べたような無料講演よりも尚一層有効なる方法として一九一四（大正三）年来毎週一回活動写真を示すことにし、最新式器械を購入した。ブルックリン図書館の一分館に於いても金曜の夜、科学に関する巻写真、例えば一九一五（大正四）年の一月頃には電気の種々なる用途を映写して居った。ミルウォーキーのソースサイド図書館では五百五十人を容るべき大講堂にこの器械を据え附け、ウィスコンシン大学普及部と協同して、主として実業関係の巻写真を選び、毎週土曜日の夜、無料で観覧させる。またゲーリーの図書館では一九一六（大正五）年の夏から毎土曜日の午前（米国では日曜日以外に土曜日をも休業にする所が多い）児童に活動写真を観せることを始めたが、巻写真は予め図書館で一度調べた上映写することにし、進行中は司書が児童の世話をして居る。『ロビンソン・クルーソー』『湖上の美人』『宝の島』など、教育的価値あるもの、自然研究に益するものを選択の標準とし、適には軽き滑稽趣味のあるものをも雑《まじ》えて居る。図書館では観覧料を徴収せぬのが普通であるのに、ゲーリーでは五セント宛の入場料を取ったが、子供は大喜びであり、父兄も満足したということである。入場料の徴収必ずしも悪くはない。営利を目的としてやるのは固より善くないが、こうして得た所のものを更に善き巻写真の購入費に充て、事業の拡張に資するのならば、寧望ましいことであろう。他の活動写真館に比して半額か三分の一位な観覧料で、しかも綿密な注意の下に教育的価値に富める写真を観ることができるならば、父兄も安心してその子弟を出すことができる。活動性に富める少年少女が活動写真に引附けられるのは当然のことで、これを眼前に見せ附けて置きながら、その入場を厳禁しようとするのは無理である。寧これを利用して教育能率の増進を図るべきであろう。図書館でこれを映写することになれば子供が市中のいかがわしい映画から受ける悪しき影響を防遏することができるのみならず、教室内の教授の到底及ばない良き感化を与え、学校教育の足らぬ所を補うことができる。父母兄姉の同伴を許し、あるいは児童と日を異にして一般民衆の観覧に供することにするならば、その効果は一層大なるものがあるであろう。実施の経験によると図書館に登館したということが特殊の印象を観客に与え、他に於けると異なる一種の気分を生じて、以前は書物を手にすることの無かったものを図書館に引き入れる効果を有って居ると一般に認められて居る。更に図書館が中心となりてその区内の学校その他の教育団体に巻写真を巡回させることにすれば、経費を要すること少なくしてその恩恵を遍く僻陬の地まで及ぼすことができる。

以上の論述によりて活動写真を利用するの有利なることが判ったとして、さて次に起こって来る問題は機械の価格、映写の技術、巻写真の補充等に関することである。機械は米国で一台約百ドルないし二百二十五ドル位で求められる、その名称並びにこれを取り扱うて居る主要なる店を挙げると、次の数個所である。

Pathéscope, Pathé Frères, 115 East 23d St., New York City, U. S. A.

Kineclair, Eclair Film Co., 126 West 46th St., New York City, U. S. A.

Phantoscope Mfg. Co., Bond Bldg., Washington, D. C., U. S. A.

The Animatograph, Victor Animatograph Co., Davenpor, Iowa. U. S. A.

Edison Home Kinetoscope, Thos. A. Edison, Inc., Orange, N. J., U. S. A.

Nicholas Power Co., 90 Gold St, New York City, U. S. A.

現代一般に用いられる巻写真用のセルロイドは燃焼し易いから取扱上注意を要するは勿論であるが、映写の技術は必ずしも難《むつ》かしいものではなく、一通り取り扱い法を会得すれば専任の技手を要せず図書館員で十分に行って行ける。而して映写に要する費用は至って僅かなものである。新しい巻写真を漸次補充して行くには相当の費用を要する訳であるが、これもゲーリーで実行して居るように幾らか宛の入場料を取ることにすれば、それで大抵は補って行くことが出来よう。而して教育的巻写真は左の商店で取り扱って居るから、そこへ照会すれば種類から直段その他必要なる事項を親切に知らしてくれる。

The General Film Company, 71 West 23d St., New York City, U. S. A.

The Pathé Frères, 1 Congress St., Jersey City, N. J., U. S. A.

The Eclair Film Company, 126 West 46th St., New York City, U. S. A.

Thomas A Edison Company, 239 Lakeside Ave., Orange, N. J., U. S. A.

The Gaumont Company, 110 West 40th St., New York City, U. S. A.

The Hepworth American Film Corporation, 110 West 40th St., N. Y., U. S. A.

George Kleine Company, 166 North State St., Chicago, Ill., U. S. A.

第十二章　実業界と図書館

第一節　職業教育と図書館

職業教育　ドイツ・ミュンヘン市の学務課長のケルシェンスタイナー氏は普通教育と職業教育との区別を撤去するのが現代国民教育の要求に応ずる所以であると主張して居る。普通教育と職業教育とを区別するのは、直接職業に関係しない階級と労働階級との二を峻別して居った古い社会組織の間に養われた伝習的思想の遺物であって、現代の社会には適応しない。教育は社会の実生活に参与し、各員特殊の職業に従事し、由って以って社会全体の進歩に貢献する所あるべき有為の公民を作り上げるを目的とすべきであるから、いやしくも教育たる以上職業教育の外に立つべき教育のあるべき筈はなく、唯特殊の職業に直接必要なる知識技能を授けるか、いずれの職業に従事するにも必要な広い教育を施すかに由って程度の差が存するだけであるというのが氏の意見である。氏の職業教育論は輓近教育思潮中最も著しいものの一つで、ドイツ国内は言うまでもなく、他の諸国にも大なる影響を及ぼしたものであるが、氏自身の実施した所は学校教育であり、我国に於いて職業教育を力説する人も皆学校教育の方面のみを論じて居るのである。然るに最近英米の図書館界に、於いて一種の新運動が起こって来た。

図書館と市民　昔の学校教育が職業に重きを置かなかったと同様に、昔の図書館の利用者は学者と学生とに限られて居った。やや近い所で公共図書館が社会公衆の読書趣味の鼓吹に努めるようになってからも、図書館を利用する人は実業に縁遠い人が大部分を占めて居り、殊に参考図書館などに於いては全く学者学生の占有であった。

一般読者は言うまでもなく、図書館員自身でさえも、職人を図書館へ引き入れることのできるや否やに就いては疑ったのであった。勿論その時代に於いても実業に関する著書が無かったのではない。極めて特殊な職業に関する書物は余り出版されなかったが、やや広いもの例えば織物原料および機織業に関する出版物の如きは必ずしも欠乏して居ったのではない。しかしながら手の人即ち実際工場で働く人は如何な書物が存在するかということも知らず、疑問が起こっても図書館に入って書物の助けでこれを解決しようとは考えなかったのである。図書館は文学書類もしくは古い意味での学問上の典籍の貯蔵所であるという伝習的観念は容易に取り去られないのであった。図書館は知識の宝庫である、図書館に行けば何んでも解決が着くということを知らなかったのではないが、しかもその知識の範囲に就いては一種の偏見を有って居った。歴史上著明な人物の伝記だとか、有名な文芸上の作品に関することだとか、物理学上の或る定律だとかいうことに就いて何か疑問の起こった時には、人は何ら躊躇する所なく殆ど本能的に公共図書館に出懸けて行く。しかしながら活塞《ピストン》は如何に装置すれば最も都合がよいか、店頭の装飾は如何にすれば最も善く顧客を惹くか、指物に就いて新しい方法はないか、仲買商経営法は如何等の問題が起こっても、十中の八九は公共図書館へ出懸けて行くことを知らず、大抵はその道の先輩の所へ行って口伝えに聞こうとするのである。この点に於いては商工業者は今尚印刷術発見前の社会に属するといってもよい。これが数年前までの一般状態であった。ところが時勢はようやく一変しだした。図書館は最早僧侶の経蔵でもなく、学者の宝庫でもなく、総ての人の仕事場と見られるようになった。公共図書館の発達に伴うて市民の権利が認められて来たが、さて市民の中で都市の存立上最重大なのは実業家を外にして他にあるであろうか。公共図書館を最も善く利用するものは実業家でなくてはならぬと考えられるようになって来た。

第二節　実業部の経営

公共図書館の任務　されば現時商工業時代の公共図書館は、実業家の利用に資するという点に重さを置いて経営されなければならぬ。もし公共図書館にしてこの義務を尽すことを忘れて居ると、一方に於いて続々特殊実業図書館が現出する様になる。近頃米国などではこの種の特殊図書館が非常に多くなったといわれて居る。特殊実業図書館が公共図書館と別に存在した所で別段悪いという訳ではないが、多くの場合に於いて附近の公共図書館で一緒に経営した方が経費の点その他に於いてずっと得策である。最も早くこれを実行して実業部を設けたのはニューワーク公共図書館であった。尋いでボストンその他大都市の図書館に採用され、最近公共図書館でこの方面の事業を開始する者が漸次多くなって来た。まず第一に商工業の書物を余計に購入して内容を充実させ、第二に館の間取の都合が良ければ特殊の商業集書工業集書を作り、それぞれ専門の司書を置いて閲覧人の便宜を図り、第三にその書籍を利用しそうな人々に図書館の蔵書を披露し、館員は出来る限りの便利を図り、且必要な書物で図書館にない者があれば要求に応じて購入して用立てんことを望んで居るということを告知することに努める。これが大体の経営法である。

実業部の図書選択　実業部の図書選択に際しては地方の状況を主眼としなければならぬ。例えば工業地の図書館では工業上の参考書、教科書、年鑑、辞書並びに工業記録を先にしなければならぬ。図書館がその地方人民に賦課した税金で維持されて居ることを考えたならば、これは少しも怪むに足らぬことである。地方人名録、汽車時間表、地図等も必ず備うべきもので、旅行案内は常に新しいのを用意して置かねばならぬ。旅行案内の古いのは誰も困ることであるから、官庁の出版に係るものは館長から申し込んで無料配附を受けるようにし、民間の発行で売品の場合には予約して置いて出版毎に早く届くようにしなければならぬ。海港市では汽船案内の必要あるは言うまでもない。人名録や著名な年鑑類は出来るだけ長く元の場所に置いて、製本を仕直すに当たっても成るだけ元の外観を失わぬようにするがよい。

実をいうとこの方面の集書目録の印刷されたものが少ないから、実業部の新設に当たってこれが選択並びに分類の標準を定むるのは、今の所困難な事業と看做されて居る。参考の為め約四万の書籍と七万の小冊子類とを有するフィラデルフィア商業博物館図書館の分類を見るに。

第一類　各国の輸出入統計書。

第二類　各国領事の商況に関する報告類。

第三類　名簿。

（イ）世界の主要商業地の名簿。

（ロ）国内の人口十万以上の各都市の名簿。

（ハ）米国並びに重なる外国の主要なる工業。

第四類　各国の関税。

第五類　現代人の記行類、特に各国の商業および富源に関するもの。

第六類　経済、科学、工芸書類。

第七類　商業雑誌並びに科学、地理に関する定期刊行物類。

第八類　米国政府の刊行物類。

の八類に分たれて居る。尚他の例については次節に述べることがあろう。

実業部司書　特に実業家の為に設けられた最初の設備は、一つの棚または室の一隅に実業向けの書物を集めたのに過ぎなかったが、間もなくそこに多くの人が群集するので、この方面の人の便宜を図らんことを望んで居る図書館員は、漸次その大さを増して遂に特別の一部局を開くに至ったのである。既に一部局が出来るとその部局の係にはそれぞれの専門家を任用するが最も有利であることは言うまでもないが、司書としては専門の業務上の知識を有し同業界の事情に通じて居るということの外に、図書館の技術上の素養も無ければならぬので、適任者を得るは容易でなく、殊に専任者を置くには経費の問題も関係することであるから、大きな図書館を除く外は実行が難かしかろう。小図書館では必ずしも特殊の部局を設けるにも及ばず、また専門家を任用しなければならぬということもあるまいが、それにしても館員中に実業方面の消息に通じたものを加えて置くことは必要なことである。

経営　書物が集まり、係員が出来れば、次には簡便に利用のできるようにしなければならぬ。実際現業に従事するものには時間の余裕が乏しい。面倒な手続を強いられたり、長く待たされるようでは、僅少の時間に目的を達することができないから、たとい図書館に参考書のあることを知っても足が向かなくなる。開架はいずれの図書館にも必要であるが、実業図書館の如き分秒を争う忙がしい社会に立働く人を閲覧者とする所では、特にその必要が切実に感ぜられるのである。

次には特殊目録の編製である。この部の目録には成るべく註釈を加えて、目録の瞥見によって内容の大体を知り得るようにするがよい。各部門の小書目《ハンドリスト》を印刷し、これを利用しそうな各方面へ郵送する。機関技師、建築師、工場監督、商店の番頭等が書目の郵送を受けると喜んで各部属員に紹介するであろう。セントポール公共図書館で実行して居るように地方新聞と特約して時折広告するも確かに一良法たるを失わぬが、しかし多くの図書館に於ける経験の結果は、前者、または前者とこれとを共用するのが効果の大なることを示して居る。図書館でこういう風に親切を尽すと、工場主や商店主の中には各自の雇人並びに一般公衆が業務上の最良書を貸与されて利益を享受せんことを望んで、図書館の集書を充実させる為に有益な書物を少なからず寄贈して来ることが英米では稀でないそうである。今広告法を実施して好成績を挙げた一例を示すと、蔵書一万余冊を有するプロビデンス公共図書館工業部では興味を有ちそうな人々へ郵便で書名を通知し、書目を実業学校に送附し、あるいは地方新聞に登載するなど臨機の処置を取ったのであるが、その結果はすこぶる有効で、同部係員の報告に依ればその利用者の中には丁稚や機械職工や木綿業者や毛織業者や石油発動機の応用に趣味を有って居る職工などが沢山あったということである。またグランドラピッズでは電話番号帳の表紙の裏面に広告して「公共図書館の電話番号は二七〇なり。図書館には実業家の為に設けられたる特別通報局あり、諸君の有せらるると同様の問題に就いて既に多くの人々の書記したる書物雑誌は数多し。疑わしきことあらば早速二七〇番を呼ばれよ、図書館は喜んで解答すべし」と記してある。これもなかなか有効であると見られて居る。

第三節　時局の促したる英国実業図書館の勃興

上述の如く米国では公共図書館に実業部を附設して、着々その効を収めて来たが、思慮深き英国人は直ちにこれを摸せんとはせず、米国に於ける実施の結果如何を観望して居った。中には実業部が余りに発達すると、従来の公共図書館の領分が侵蝕されて、遂には一般図書館がこれが為に圧倒されるではあるまいかとさえ考えたものもあったが、しかしそれは全くの杞憂に過ぎないことが明らかにされた。

今度の大戦争が平時の産業組織を破壊したので、これを補わんが為に各方面に種々の新要求が現われて来たが、その中で我らの見逭すべからざるものの一は即ち実業図書館の要求である。英国が世界市場に従来の位置を保持して行かんが為には烱眼《けいがん》を開きて現に変動しつつある目下の状況を洞察し、これに応じて適当の方策を講ずべく、同国実業界の将来が一にここに依存することは識者の斉しく認むる所であるが、従来の如く各自思い思いに事業を行って居ったのでは、実業界の実況を十分に領会することができないから、今後はどうしても諸方面から得た総合的知識に待たなければならぬと考えられるようになり、この要求に応ずる為に実業図書館の勃興を期待するようになったのである。先頃リーズ市で開かれた北中央図書館協会の会合でこの種の図書館を各都市の実業中心地に設立せんことが提議され、盛んに研究論議された。

この会合の結果は時勢に適応して居った所からたちまち各地に伝播し、英国内到る所に実業図書館勃興の機運を見るに至った。その中の主要なるものを挙げると、第一にロンドンの商業中心地チープサイドなる商務院通報課は熱誠を以ってこの運動を歓迎し、盛んに材料を蒐集し、各種各様の図書約七千冊は公衆の利用に供され、その目録は印刷されて弘く拡布された。一九一六（大正五）年十一月にはその地公共図書館後援の下にグラスゴー市の商業中心地に商業図書館を設置し、特にこの方面に領会ある専任司書を任用し、書物を細かに分類し、綿密な索引を作り、質疑応答用電話を架設し、毎日二回自働車《じどうしゃ》で運搬して各方面の需要を極めて迅速に充たして居る。その十二月にはリヴァプール実業家大会が開かれ、商業図書館の建設年額一千ポンドの支出が可決され、商業会議所もまた熱心にこれを幇助して居る。超えて大正六年二月にはマンチェスターに於いて図書館委員会、商業会議所、市内商売の代表者らの連合会議が開かれ、商業図書館を各実業家の最も寄附《よりつ》き易き中心区に設立することが議決され、直ちにその実行に着手した。またバーミンガム商業会議所は既に五万ポンドを投じて大家屋を市の中央部で買入れ、その一部を商業図書館に充当して居る。その四月にはリーディングの公共図書館で商業部および通報部を新設せんとしてその調査委員を選任し、またウィガンの図書館ではまずその着手に先ちて予め実業家の意見を徴せんとして問題を提出してその解答を需めた。

　これら図書館の蒐集せんとする所の文籍は言うまでもなく商事関係のものであるが、今その一例をマンチェスターで実行して居る所によりて示すと、第一に活きた参考用集書、実業辞書、統計年鑑、商事年鑑、外国語辞書、計算表、外国通貨度量衡表《どりようこうひよう》、ランカシャー主要商業に関する良集書、商法、銀行、勘定、広告、帳場の管理、営業法、海運並びに各種商品に関する書籍、領事館報告、通商局出版物、商業会議所報告、商業地図、汽車汽船交通図、発着時間表、運賃表の類で、尚この外に各種の通商公文、各種仲買商発行の通牒《サーキユーラー》、内外各新聞の抜萃帳、最近商況を掲載せる商業雑誌の類である。（前節参照）

　質疑応答はこの種図書館事業中の要務であるが、開始以来、日尚浅にも拘らず質疑件数は非常な多数に上り、その質問もすこぶる多方面に亘って居る。満足に解答されたものの数種を挙げると、利益分配表、工場組織、万国著作権同盟並びに商標権、独逸製造業者同盟《ジヤーマンカーテルシステム》、自動車用無制動鎖、白熱電灯、会社の創立、殖林、坑内運搬請負業者、節炭器《フユーエルエコノマイザー》、長石の用途等を数えることが出来る。これに依ってもその活用の一端が窺われるのである。

　斯くの如く続々実業図書館の新設を見、またそれが能く活用されて居るのであるが、この種の図書館が遺憾なくその職能を発揮せんが為には、是非とも各種商会が他にも一般に有益と思わるることはこれを秘して私せずに宜しくその襟度を大にして、これが発表を吝まぬようにならねばならぬ。

第四節　我が図書館界の現状

現時我国の公立図書館は府県立が多く市町村立は比較的少ないから、所在地たる一都市の都合ばかりを標準にする訳には行かず、図書選択上やや困難の地位にあるが、府県立図書館としては巡回文庫が大切な一事業となって居るから、これを利用して出来る限り各都市固有の要求を充たすようにするがよいと思う。図書館界の発達に伴うて市町立本位の時期の来るのもそう遠くはあるまい。現に東京、神戸、富山、福井、四日市、小樽等の市立図書館が続々現われ、最近長岡市に於いても野本氏の寄附金十数万円を基礎として市立図書館が新設された。同市の如く石油の本場である所では一般の図書の外特に石油に関する内外古今の典籍を蒐集して市民の便に供する必要があると思う。近来各地の図書館に於いて、各その地方に関係ある典籍の蒐集に努むる風が生じて来て、これは誠に結構なことであるが、その多くは歴史や文学や地誌の方面が主になって居って、私がここに言うような市民の日常生活と緊密な関係のある方面に注意されることの極めて少ないのは甚だ遺憾である。唯京都府立図書館の読画室の如きはこの方面に注意された一例で、この室には画工だけではなく、織物や染物の職工等も入って来て、文字の読めないものも絵を見て相当の利益を得、ローマ字の読めないものでも西洋の美術画から図案資料を得て帰るものが沢山あるとのことである。これは、美術の都市たる京都の図書館としては誠に適当な施設であって、これに依って図書館と市民生活との関係が濃厚になり、図書館存立の意義が初めて明瞭になり、図書館の発展を促す基本となるのである。図書館で少しく注意をしたならば地方人士は多大の便利を得ることであろうと思う。

巡廻文庫もまた近世図書館の一特色であるから、別に一章を設けて説明してもよいのであるが、この制度は既に十数年以前に山口県に実施され、同県立図書館長佐野友三郎氏の熱心なる努力の結果、すこぶる好況を呈するに至り、爾来各府県立図書館やその他の慈善組合等に採用され、今では普通の事業となって居るから、本書にはこれを省くことにする。而して最近数年来米国で唱出され既に多くの都市に実行され、また実行されんとして居ることで、我が国では未だ一向注意されて居ないことがあるから、それに就いて一言附け加えて置きたいと思う。

市政参考部　最近に至るまで殆んど注意されなかった図書館事業の一は市政問題との関係である。市政の挙らないのは当局者の不忠実ということもその原因をなして居るであろうが、それよりも更に大なる障害は無智より来る能率の低下とにあるらしい。官吏の更迭の頻繁であるために、新任者は様子が分らず唯先例を探ぐるに汲々として、他の都市ではどんなことをして居ったか、またどんな風にして居るかを研究する余裕を有たない。図書館は諸般の記録を蒐集しこれを整理して市政参考部を設け、市吏の研究に便宜を与えるようにしなければならぬ。この見地に立って最近米国の各地に現われたのは市政参考図書館《ミユニシアルレフエレンスライブラリー》または市政参考部《ミユニシアルレフエレンスデパートメント》である。我が国では今尚図書館創業時代に属するのであるから、ここまで手の伸びて居ないのも無理はないが、漸次図書館が整頓して来たらこの方面のことも考えて貰いたいと思う。

第十三章　読書家と図書館

第一節　米国教育局図書館の事業

米国教育局図書館では教育に関する学術的研究の中心たらんことを期し、着々その歩を進めて居るが、その事業に大体二種ある。一は教育書解題の編纂で、他は図書の貸出である。

一、目録編纂事業　同図書館では教育書解題の中央機関たらんことを期し、次の三様の目録編纂を実行して居る。（一）教育書年別解題《アンニュアルビブリオグラフィー》、（二）特殊事項簡明解題、（三）新刊雑誌内容索引の編纂である。年別解題は一九〇八（明治四一）年に企てられ、その第一巻は同年七月から翌年の六月までに出版された教育書一千百部を載録し、議院図書館《ライブラリーオブコングレス》の分類法に従って排列されて居る。必ずしも発行された書物の全部を網羅しようとするのが主眼ではなく、真面目な研究の結果に成り学術上価値あるもの、広く行われて教育界に及ぼしたる影響の大なるものを採択し、英語のものだけではなくドイツ語フランス語その他の国語で書かれたものをも包含して居る。特殊事項解題は重要なる一事業となって居り、地方の学者教員、学生等からの質疑に対し出来る限り親切に答えることにして居る。外国からも或る特殊の事項に関する米国に於ける傾向等に就いて問い合わせて来ることが必ずしも稀ではないので、これにも満足な解答を与えんことに努めて居る。尚同館に於いて編纂した毎一ケ月新刊教育書目を出し、これを集めて年別解題の中心材料として居る。

同図書館で受け取る雑誌は約二百五十種に上って居る。その内約半分は諸外国の代表的雑誌で、各国に於ける教育進歩の状況を知るに足るものである。これらの雑誌は各国の政府その他の報告書と共に専門家の手で詳細な索引が作られ、世界の教育状態を知る重要な資料となって居る。百三十種ばかりのアメリカ雑誌は他の諸報告各地教育会の記事と共に同図書館で索引が作られた。即ちそれらの中に現われた重要記事は詳細な解題並びに註記を附けられて件名順に排列され、一九〇七年以降の分は完全に保存されて教育上の文籍検索に至大の便利を与えて居る。

二、図書貸出事業　蔵書十五万余冊を有する同図書館では集書の活用を図って居る。最初書物の蒐集を企てたのは局内職員の参考に資するのが目的であったが、集書の増加と時代の進運とに伴い、これを公開して全米教育界の中心参考機関たらんことを期するに至ったのである。即ち全米国内の教員、学校職員、教育研究者にその集書の使用を許し、（一）互館貸借制《インターライブラリーローンシステム》、（二）小包図書館、（三）個人貸出の三方法で実行して居る。書物は総べて国都ワシントンから各地方へ無料郵便で送り届けられ、還送も同様無料である。借りた書物は四週間以内留置くことができる。およそ教育書類を取り扱う限りは如何なる階級の図書館――大学図書館、専門学校図書館、師範学校図書館、教育図書館、公共図書館等いずれも互館貸借に加盟することができ、同局では尚その範囲を拡張せんことを希望して居る。同館の蔵書は二種に区別され、第一類は教育事項調査資料、即ち官刊文書、大学および学校等の出版物、雑誌、小冊子の類で、この種の集書では同国中最も有力のものである。その中から選ばれた書物は国内いずれの地でも師範学校、大学、その他の教育研究者の為に郵送され、また相当の手続で申し込めば個人でも郵送を受けることが出来る。第二類は教育上の代表的著述で、教育問題に関係ある限り広い範囲に渉って居り、この方面の新刊書は発行早々この集書に加え、集書は断えず澎大して行く。而してこの類の書物は図書館の無い、また有るにしても蔵書の豊富でない地方の教員に貸出すことを主眼として居る。小包文庫は希望者からの申し込み、または館員の見込みで選択された二冊ないし二十五冊から成り、（時としては必要に応じ冊数を増加することもある）要求に従って学校管理者へ送致し教員の参考用に供する。近来この方面の要求が著しく増加し全米国内各地から申し込みがあり、殊に地方の小都会や田舎の学校がその大部分を占めて居る。同図書館では、上述の貸出事業の外、ワシントン在住者で直接登館して読書せんとする人々にも便利を与えて居る。

以上は米国で実行され、非常な好結果を得て居る所であるが、我が国には未だ斯くの如き中心機関が存在しない。帝国教育会などの事業として企てられたら地方教育者は利益する所が多かろうと思う。

第二節　互館貸借制

一　欧米の互館貸借制

米国教育局図書館が盟主となって実行して居る互館貸借制が、読書家に至大の便利を与えて居ることは前にも述べたが、それは唯教育書にのみに限られて居る。更にこれを拡張して総べての方面の図書をこの方式で運転せしめるようにしたならば、学者研究家が受ける所の便益は一層大なるものがあるであろう。イリノイ州に於いては同州立図書館が盟主となり州内の各図書館を連合して数年前より互館貸借制を実行して居り、他の諸州に於いても続々これが実行を企図するようになって来た。そこで全米国の図書館を包容する大々的互館貸借制を組織せんとして一九一六（大正五）年度の米国図書館協会大会に於いては委員を挙げてその条款の起草を試みた。その項目を拾上げて見ると、

目　的　容易に得がたき図書の相互貸借に依り知識限界の拡張を助長す。

範　囲　蔵書の全範囲に亘り需に応じて貸出すこと。

要求を避くべきもの　現代文学書、くだらぬ目的の為に使用さるべき書籍の類。

特殊の場合にのみ貸出さるべきもの　辞書類の如き常時備え附けを要するもの。手稿、初期版《インキュナブラ》、特別版、稀覯書、貴重書の類。

楽　譜　貸借は図書に準ず、但し公開演奏を禁ず。

冊数制限　一人一時に四冊以内とす。

期　限　四週間を標準とし、時と場合に依り適宜伸縮し得ることとし、その都度契約すること。

入手告知　図書を受け取りたるとき、またその返送を受けたるときは直ちに告知すること。

送　料　往復の送料は申し込図書館の負担とす、保険を要するときもまた同じ。

保　護　借方図書館は貸方図書館の指定に依り十分の保護を為すべきこと。

責　任　借方図書館は現品の保護返納期日につき責任を負う。

補　則　上記各規定の違背、図書の毀損、包装の不備、遅返等あるときは爾後貸出を拒絶することあるべし。

である。未だ機の十分に熟して居なかった為か詳細の点について全部可決には至らなかったけれども、互館貸借制の必要は一般に承認された。

ドイツではこの互館貸借制がよく行われて居り、各大学、州立、市立の各図書館を初め、私有文庫との間の連絡もついて居り、極めて簡便に迅速に所要の図書を借覧することが出来る。殊に大学図書館相互の協同に至っては米国図書館員も讃嘆措かざる所である。随ってドイツにはこれに伴う諸種の施設が現に実行されて居る。

二　合成目録

互館貸借制を実行するに当たりて最も必用なる設備は合成目録である。同盟各図書館の目録を合同して一種の包括的な合成目録を作り、これを本部に備え附け、出来得べくんばその複本を作りて多くの図書館に配置するを要する。所要の図書が何館に所蔵されて居るかを的確に且迅速に知るにはこの合成目録に拠らねばならぬ。ベルリンの王立図書館内に設けられてあるプロイセン中央目録の如きは即ちこの種の合成目録で、同館内の一小部局たる通報局と相俟って、互館貸借制を有効にし、読書家に多くの便益を与えて居る。

三　ドイツ図書館通報局

合成目録でいながら各図書館の蔵書を知悉《ちしつ》し、互館貸借制で有無相通ずることが出来れば、読書家は大いに便利であるが、しかしながら図書館が読書家の為に図る事業はこれに尽きたのではない。合成目録必ずしも天下の文籍を悉く網羅するものでないから、これに洩れたもので貴重な文籍の他に存することも少なくはなかろう。特殊事項の研究に志した人が、是非とも参考しなければならぬ書物で而も容易に見附からないで困って居るというような場合に、その人に代って捜索の役目を勤める機関が設けられたならば、研究家に取ってどんなに便利であろうか。ドイツ図書館通報局の設けられたのはこの種の需要に応ぜんが為である。同局はベルリンの王立図書館が盟主となり、同館内に本部を置きドイツ国内の各大学図書館、州立、市立の大図書館、諸学会図書館、中等学校図書館、私立図書館等各種類四百余館の協賛に依りて成立したもので、戦争前にはオーストリア＝ハンガリー帝国、スイス、ベルギー、オランダ、デンマーク等の図書館もこれを賛助して居た。その目的は所在不明の図書に就いて知ろうと望む人の為にその書の所在を確かめ、これを請求者に通報せんとするので、何人でも所要の文籍を現在地の図書館に索めて得られない時にはその書名を成るだけ精確に認め、書籍一部につき十ペニヒずつの手数料を添えてその所在捜索方を同局に申し込むことができる。同局に於いてはこの申し込みがあると、これを台帳に記入し、その書面には台帳番号を入れ、然る後に前記中央目録を初めその他各種の目録に就いて検索し、発見されるとその精確なる書名、それを収録せる目録の名、および請求の台帳番号を一定の式紙に写し取る。もし同局備え附けの目録で発見されないときには、連盟各図書館中、当該書籍を所蔵して居り相な所数十館へ捜索カードを送附する。この配布を受けた図書館ではそれぞれ自館の目録について捜索し、それに該当するものがあったときにはその旨を記載して通報局へ返送する。斯くして発見さるればよいが、こうしても尚見附からないときには、それを捜索目録に記入し、その目録を各協賛図書館へ配布し、且図書中央雑誌に広告する。斯くして捜索手続は終了するのである。その結果の如何に拘らず請求者へは必ず回答し、もしその時に見附からないにしても、その請求書面は氏名、請求年月日、台帳番号と共に保存されてあるから、後に至りて検索の成功したときには直ちに通報されるのである。

我国に於いても帝国図書館と各地図書館との間、各大学図書館相互の間に幾分の貸借が行われて居るのは事実であるが、未だ組織的に事を為すには至って居ない。早くその機運の到来せんことを望むのである。

第十四章　欧洲大戦と図書館

第一節　開戦当時の概況

交戦各国最近の状況を述べんとするに当たりては、まず以って開戦前の概況を一瞥する必要がある。英米図書館界のことは前来述べて来たからここには省いて置き、ドイツに就いて少しく述べて見よう。

ドイツの図書館界　ドイツは「書物の国」と呼ばれて居り、彼のライプチヒ市の如き世界出版業の中心と称せられる程であるから、国内に現存する書物は非常に多数に上り、大学や高等専門学芸図書館は内容すこぶる充実して居り、その活用に於いてもすこぶる卓越した方法の実施されて居ることは前に述べたが、通俗図書館は発達して居ない。開戦当時ドイツに居って親しく図書館を視察した一英人の記事 Germany's public libraries に由ると、市民生活の各方面に於いて善く発達して居るにも拘らず図書館は一向振るわない。ドレスデンはザクセンの首府、美術の中心として博物館や銅像は世界の同大の都会中最も多く、人口五十万を有する大都会であるが、同市唯一の自由閲覧室は普通民家の平土間にあり、極く粗末なもので、英国の人口五万の都会にも見られぬものである。その他に小綺麗な閲覧所は幾らかあるが、いずれも小規模で且つ料金を徴して居る。設備のやや整って居るのはブレスラウ市で、ここはシレジアの首府で人口五十万、教育の中心として相当に知られて居る。同市は五区に分かれ、毎区一閲覧室を設けこれに貸出部附属す。その内の四は普通住宅商業用の大長屋の階上を用いて居るのであるが、後の一つは美しき新建築の区公会堂にあり、ドイツ第一と呼ばれて居る。しかも英国の地方図書館には到底及ばない。ドイツ全般に亘って貸出部は発達して居ない。唯新聞室だけは能く整うて居り、紙形の小さな為に手頃な挟みで壁に懸けてあって自由に机上に運んで読むことが出来るし、その選択方が寛大で公平で世界各国の代表的新聞が自由に見られる。敵国の新聞は図書館に入れないというような誤った敵愾心を有つ島国根性の英国人はドイツに学ばなければなるまい、と言って居る。

ドイツの公共図書館の発達して居ないことはドイツ人自身も認める所で、数年前（一九一一）にランゲが著した「図書館員《ビブリオテカー》」には通俗図書館《フォルクスビブリオテーク》および通俗図書館員《フォルクスビブリオテカー》の一章あり、その前年ミューラーの著した「亜米利加の通俗教育《アメリカニッシエスフォルクスビルヅングスウエーゼン》」を引証して曰う、英米に於いては各都市に公共図書館《バブリックライブラリー》あり、ドイツに於いては如何というに二三大都市を除く外は最近までこの重要なる国民教育機関《フォルクスエルチーウングスインスチチユート》を欠いて居った。然るに今やようやく変わり初め、吾人はこの運動の初頭に立って居る。これというも通俗図書館《フォルクスビブリオテーク》の真価が一般に認められるように成ったに基づくが、それに就いては何よりも先に英米式公共図書館の体制や効果を紹介したことに向かって感謝しなければならぬといい、公共図書館の要素を列挙し、且これに従ってベルリン、ブレスラウ図書館が改良されブレーメンその他に新設あり、私立図書館の改良も行われたと言って居る。前にブレスラウがドイツ第一と言ったのは即ちこの新式図書館であるからである。開戦前にはベルリンに二十八の通俗図書館があったということである。墺国はドイツよりもやや進んで居るが、やはり英米式の模倣で、それもまた十分とは行って居ない。フランスは小学校図書館の普及に努めた最初の国であるが、唯図書館があるというだけで殆んど活用されて居ない。

第二節　開戦後の状況

英国　長期滞在する連隊では文庫を経営し、多くの公共図書館も競うて図書を戦地に送附して図書分配所を設立し、為に内地の図書冊数減退した。集配を司る最大なるものは陣営図書館《キャンプスライブラリー》で、キリスト教青年会もまた大いに働いて居る。これら中央集配所では諸方の有志者より寄贈する図書雑誌の類を無料郵便で受け取り、これを取捨選択し適当に処理して陣営に送り、且その一部は内地の軍隊へも頒つ。戦地に送るもの毎週二万五千より三万冊の多きに上って居る。これに類似の戦時図書館《ウォアライブラリー》あり、傷病兵の慰藉として娯楽書類を八百に余る病院、病院船等に分配し、且艦隊にも送附して居る。ロンドン商業会議所の経営に係るものの如き既に七百万の図書、雑誌、十四万の蓄音機板を戦地に送ったということである。(Librarian, Sept 1915)

仏国　パリの国立図書館では戦争関係文籍蒐集を始め、交戦各国の公文書戦地の新聞、絵葉書、電車切符等に至るまで集めて居る。由来この図書館が戦争と大関係を有って居ることは第一編第二章にも述べて置いたが、今度の大戦でまた蔵書に非常な増加を見ることであろう。斯くの如く戦争は図書館の内容を充実させることもあるがまた散乱させることもある。ルーヴァンの図書館の如きその一例で、近くは露軍がワルシャワ撤退の時百五十トンに余る図書を焼棄せしめたとか伝えられて居る。

露国　開戦当時、米国の図書館を視察し、帰国後モスクワの大学に図書館の教務主任をして居るハフキン・ハンブルガー夫人の言に依れば、戦争の影響は各方面に及んで居るが、図書館科の如きは却って例年よりも景気がよい。蓋し修養の必要なるは戦時とても変わりがないから図書館では事業を続けて居る。啻にそれのみならず禁酒令の結果としてその無聊を慰める為にこれに代わるものを与うる必要に迫まられ、全露到る所に家庭教育なり、清斯な娯楽機関なり、その他諸種の施設が起こったが、その中でも村落図書館が最も重要な地位を占めて居る。地方官会議に於いて各地に人民館《ピープルスハウス》を建て、通俗講演や読書倶楽部に充て博物館をも兼ね、図書閲覧室をも設け、その他時折りの催しや会合に自由に使用することにし、修養と娯楽との地方的中心としようという案が議決されたので、既に多数の都市に於いて実行され、中にはペトログラード、カルコー、キュー等の各市に見るが如く多額の金額を投じてすこぶる完備せる御殿の如きものを建てた所もあり、地方の村落に於いてもなかなか立派なのが設けられた所もある。これらがいずれも差し当たり図書館の蔵書を借出して閲覧部を設けようとするので、図書館に協同の好機会を与えた。あたかも好し文部省では地方庁立図書館に関する面倒な条規を撤廃したので、図書館は自由な活動ができるようになり、ここに一大発展の新気運が漲《みなぎ》り、図書館界は著しく景気づいて来た。こういう風であるから地方図書館経営の任に当たろうとする者は一通り管理法を心得て居る必要があり、図書館学校に入学を志望する者が殖えたのである。さればこれらの要求に応ずるように実習用として村落図書館と小公共図書館とを作った。後者は米国式図書館を解説する為である。図書館講話や読書倶楽部は数年来実行して居るが開架は一九一五年が初であると。尚同夫人はカッターの著者名記号表をロシア風に応用して相当の好果を得て居り、近頃組織された全露図書館協会の会長に選ばれた。(Russian library condition, Library journal Nov. 1915, May 1917)

ドイツ　開戦当時全ドイツの図書館界を通じて大恐慌が伝わった。戦線に近き辺境の図書館では難を恐れて蔵書をベルリンに輸送したり、あるいは爆弾に堪うる穴窖に隠匿し、建物を病院に充てた。動員令で倉皇入営した学生は借りた図書の返納を忘れたのが多かったから、図書館の方では回収に困った。国家、市、府等の図書館費は一時に撤回されたので、活動を停止しなければならぬ破目に陥ったが、それは間もなく復旧されたけれども図書の運用率は低減した。学校の再開は図書館の活気を促したが、しかも学生の減少で例年のようには利用されない。唯頻繁に出るのは雑誌新聞で例年に数倍の複本を備えて居るけれども、なおかつ需要を充すに足らぬ。一方主として塹壕生活から成る現代の戦争は著しく読書の習慣を助長した。戦地からの消息は何が辛いと言うても読み物の不足より甚しいものはないと語って居る。この需要に応ずる為にベルリン王立図書館は開戦の年に於いて既に九万の図書四万の雑誌を戦地に送った。同館では毎土曜日の朝に例会を開き、戦争の為に必要な事業の相談をなし、戦地特派員からの情報に依って爾後取るべき方針を定めることにして居る。その他地方の図書館に於いても公私各方面から寄贈する図書を消毒し、適当に処理して戦地に送る。女司書が斡旋して出征将士の母も妹も打ち集い、午后や夕方に軍噺をしながら縫ったり張ったりの会がそこにもここにも開かれ、出来た袋に書物を入れるとやがて戦地に送られる。雨の降る日など無聊散じと軍人慰籍と一挙両得の事業である。Library world. Sept. 1915.)

米国　いよいよ銃を執って起つと国内各地の兵営には幾万の士卒が集まり、相当訓練を経たものは順次仏国方面の戦線に送られ、あるいは辺海警備の任に当る。これら応募兵の多くは設備の完全な学校の生徒または良家の子弟であるから、新聞、雑誌、図書に親む習慣の出来上って居るものであり、中には未だ読書に慣れないものがあるとしても相当の暇と適当な読み物とがあれば喜んで読書するに至るは明らかである。青年が多数群居して、しかも適当に指導されて居ない場合にややもすれば陥り易い所の余り善からぬことよりも一段高尚な事項に彼らの心を向け、且つは単調な舎内生活の無聊を慰めるのはこの際最も必要なことである。そこでキリスト教青年会は起ち、政府はその事業に協賛を与え、米国図書館協会も協同して図書の蒐集並びに配送を始めた。

陣営図書館の経営に最も大切なのは適任者を得ることである。キリスト教青年会には図書事務に精通したものが乏しいから、是非共図書館側から得なければならぬが、図書館の方では選任者を一時賜暇の形にして陣営図書館新営の任に就かしめるので、間もなく休暇満了となるのが常である。俸給は主任司書月百ドルでこの外に食費は官給であるから、これを合算すると千八百ドルになり、中尉の二等給よりも上に出て居る。而して主任司書は有給助手一人以上を連れて行くのが普通で、助手は食費の外に最低月七十五ドルを支給される。この外に篤志館員が沢山居る。本官幹部員は制服を支給され、その他の者は袖章を給与される。目下最急務とする所は長く引続き留任する司書を得ることである。

国柄だけに面白いのは新しい、綺麗な、善い本を成るべく多数に送ろうとする企である。「沢山な金をかけて新しい書物を送っても、充分な保管が出来ないから還って来るのは少なかろう、惜しいではないかと言うものもあろう。嗚呼これ何たる言ぞや。出征せる青年の中には二度と再び帰って来ないものが多くあるではないか。金と書物とは戦雲収まれば復た得られる。国家の為に身命を賭して戦うて居る勇士の為に金と書物とを吝んではならぬ」と。そこで昨年九月以来百万兵の為に百万冊を送るべく百万ドルの資金（A million dollars for a million books for a million-soldiers）を得んとして尽力して居る。

要するに現代式戦争に於いて陣営生活の無聊を慰むるに最も適当なものは図書の補給であるということが証明されたのである。

第四編　統　括

第十五章　図書館の任務並びに効果

第一節　図書館の任務

本書第一編総論に於いて図書館の意義を論じたる序に、その任務に就いても論述すべきであったが、いささか思う所あって、故らに後廻しにしたのであった。而して今はこれを述ぶべき時に達したのである。

第二章第一節に於いて述べたる如く、図書館の終局目的はその集書の活用にあるが、これが為には文籍の蒐集並びに保管の必要があるので、事業実施の順序からいうと蒐集保管は活用に先たなければならぬ。

一　文籍の保管

弘く文籍を蒐集し、善くこれを整理し、永くこれを後代に伝えるのは、即ち前代社会の精神的財産を継承してこれを後代に伝えんとする教育事業の一部である。貴重なる文籍もその保管当を得なかった為に散逸してしまって、後世の学者研究家を甚しく失望せしめることが幾らもあるが、図書館はこの種の損失を保障する一機関となるのである。例えば過般南葵文庫主徳川侯爵から東宮殿下へ献上せられた群書治要《ぐんしょちよう》の如き、帝王学の基本としてすこぶる尊重すべきものであって、我国に於いても仁明天皇以来歴代の天皇皆これを尊崇して殿上に講ぜさせられたことは史上に明らかなる所、支那に於いては唐代最もこれを重んじ、玄宗皇帝の如き十数本を謄写して太子以下に宣贈せられた程であるにも拘らず、どうしたのか本国支那では夙に亡佚《ぼういつ》して宋の崇文総目《すうぶんそうもく》、明の文淵閣書《ぶんえんかくしょ》目、清の四庫書目《しこしょもく》等にも載って居ないのに、独り我が金沢文庫がよくこれを保存して居ったので、元和年間徳川幕府はこれを銅活字版にして頒行したのであった。その後清朝に及んで同書を彼に伝えたのでここに初めてその名が四庫未収書目に録せられ、尋いで連筠簃叢書《れんいんいそうしょ》中にその本文を見るに至ったのである。またこの中から岡田《おかだ》新川《しんせん》が鄭註孝経《ていちゅうこうきょう》を抄出して公にしたのであるが、支那ではこの鄭註が夙くから見えなくなって居たので、鮑廷博《ほうていはく》はこれを知不足斎《ちふそくさい》叢書中に収録した。彼の足利学校文庫の如きはこの点に於いて更に大いに誇るに足るものがある。該文庫が近古以後の我が学界に大なる恩沢を及ぼしたことは既に第三章に於いても述べた所であるが、殊に該文庫の特色とする所は多く支那で亡佚した古書を、あるいはその原本のままで、あるいは写本で能く今日まで保存して来たので、好学の士は直接その珍書を繙くことが出来るし、またそれらが刊行されて広く学界を益した点にある。正徳年間、山井崑崙《やまのいこんろん》、根本伯修《ねもとはくしゅう》の二人足利学校に遊び、この文庫所伝の旧本に拠り、明版註疏《ちゅうそ》の誤脱を訂正して七経考文を作り、荻生北渓《おぎゅうほっけい》これを補集し、更に孟子を加えて二百六巻三十六本とし題して七経孟子考文補遺と名けたが、彼に伝わりて四庫全書中に収められ、仁帝の嘉慶二年には翻刻されて弘く行わるるに至った如き、また太宰春台《だざいしゅんだい》の挍《こう》した古文孝経や、根本伯修の伝えた論語義疏《ぎそ》が、知不足斎叢書の中に入れられた如きその実例である。

図書館のこの方面の任務決して軽視すべきではないが、もと本書の目的は主として蔵書活用の方面を述ぶるにあり、しかのみならず蔵書の真の保存法は既に第三編の冒頭に述べた如く、特殊のもの特別の場合を除く外は直接保存よりも間接保存にあるべく、殊に多くの公共図書館では後者を貴ぶべきであるから、保存の方はしばらく詳述を避け、直ちに活用上の任務に移ろうと思う。

二　読書趣味の涵養

澤柳博士は前に引用した日本図書館協会大阪大会の演説に於いて、公共図書館の任務は一般公衆の読書趣味を涵養するにあると述べて居られるが、これは実にその通りで、図書館が種々の事業を試みるのも畢竟ここに帰着するのである。公共図書館が小学校や中等学校と協同を望み、分館もしくは派出分配所として公共図書館の蔵書を学校に送附するのも、児童室もしくは児童図書館を公共図書館の一部局として設置し、学童の予修復習並びに科外の読書に便宜を与えるのも、直接学校の課業を助けるのが主ではなく、つまる所少年時代から読書趣味を養うておき学校卒業後に於いて公共図書館を能く利用するに至らしめんが為である事は第二編に於いて述べた所で明らかである。実に「《イ》児童図書館の初めて現われた時の根本思想は児童をして組織的に書物と親ましめ成長の後公共図書館を十分に利用し得るように訓練するにあった」のである。文化の日に月に進行く現代に於いては学校でその当時の文化の大体を教えられたとしても、そのままであったならば卒業後幾年ならずして時代後れの人となってしまうのであるが、この欠を補うものは読書に外ならぬ。時代後れの人はこの激烈な競争場裏に於いて他と共に馳騁することができないで落伍者と成るのは自然の運命であるが、この悲しむべき運命から救い上げるものは読書趣味である。三日不《レバ》レ読《マ》レ書《ヲ》語言無《シ》レ味。黄山谷のこの語には深い味がある。「折々に遊ぶ暇はある人の暇なしとて書よまぬかな」。読書趣味の養われて居ないものはたとい時間があっても読書しない。読書趣味の善く涵養されて居るものは零細の時間をも善く利用して精神の修養に努め、自ら自己の進路を開拓して行くものである。即ち読書趣味は個人発展の推進機である。而して個人の発展はやがて社会の発展となるのであるから、読書趣味の涵養は取りも直さず社会発展の原動力を養うこととなるのである。

三　読み物の指導

文運の進歩に伴い書物の出版はますます盛んになり、世界の図書はいよいよ増加する。読書趣味の普及発達は図書館の努むる所であるけれども、個人の限りある時間を以って限りなき図書を読み尽すということは到底出来ることではない。啻に出来ないばかりではなく濫読は決して嘉すべきことでない。伊藤仁斎が「書を読むは当に沙を淘して金を捨うが如くすべし。取ることはその広からんことを欲し撰ぶことはその精しからんことを欲す」と言ったのは読書子に対する好規箴である。多読と濫読とは別である。研究の中心を定めこれに関係ある文籍を弘く渉猟するのは好ましいことであるが、唯何かなしに無暗に読むのでは過食と同様一向精神の滋養に成らぬ。それで図書館に於いては読書趣味の涵養に努めると同時に濫読の弊に陥らぬように戒め、読み物を適当に指導して行かなければならぬ。英米で実行して居るように大学普及運動や読書倶楽部と連絡を有ち、また図書館講演を続けて開くのはいずれも効果ある指導の方法である。これらは図書館員の方に於いて熱心事に当る決心がありさえすれば日本に於いても為し得らるることである。なかんずく私が特に主張したいのは読書倶楽部の奨励である。第一編に論じた如く開架は早晩行われなければならぬものであるのに、誰もこれが実行を躊躇するのは図書の紛失を恐れるからである。それで今の所一般公衆に向かって開架を実行することが出来ないならば、まず読書倶楽部と連絡を取り、倶楽部員だけに自由接近の特典を与えるが可いと思う。倶楽部に入会するには相当の条件を設け、入会の上は倶楽部の体面を重ぜしめるようにし、もし万一にも不正使用者を出した場合には当該倶楽部全体の責任とし、部員互いに相戒めて行ったならば大した危険はあるまいと思う。而して自由接近の利益は今更繰り返して言うにも及ばぬのであるから、この特典の与えらるることを知ったものは続々倶楽部に入会するように成るのは疑を容れない。そうすると組織的に読書をするものが多くなり、団体の責任を重ずるという点に於いて公徳心が養われ、自由接近の許さるる範囲が漸次拡張されて遂には一般に開架を実行する時も来るであろうと思う。

四　家庭文庫の奨励

澤柳博士はまた図書館の教育的任務の一として各自の書斎を完全にするように導くことを数えて居らるるが、これは実に面白い考えである。図書館と言えば多くの人は単に図書館の蔵書を利用することのみを任務として居るかの如く考えるのであるが、図書館は館有図書の活用を増大することの外に一面に於いて個人の書斎を完成すべき任務を有って居り、しかもその為には最好地位に立って居るのである。オレゴン図書館協会中学校分館部長ウード氏は次の如く言って居る。曰く「発達期にある青年をして図書室に於いて自助の道を開かせるように陶冶するはやがて教科書や選択された学校図書館から地方分館および中央図書館、州立図書館、各種専門図書館ないし国立大図書館の広汎なる蔵書に導くもので、同時に各自の趣味に適合し且発展に資する書物を各自の書斎に集めるように鼓舞するものである」と。

公共図書館の発達は個人の図書購買力を減殺することに成りはしないかとは一寸誰でも思い附くことで、この考えはいずれの国に於いても一度は起こったものであり、出版業者などは図書館の発達を喜ばない傾向があったのである。これは啻に公共図書館に於いてのみではなく、大学図書館などに於いても同様で、学生が参考書を自由に学校から借出すということに成ると学生自身で書物を買うことが少なくなりはしないかとは一時ドイツの大学で論議されたのであった。パウルゼン教授はこの懸念の不必要を断言して、自分の経験に依れば図書購求の動機となるものはその書の真価を前以って知得するに如くものはない。故に学生に与えらるる図書借覧権の拡張が各自の購書欲を減殺するであろうという説に対しては自分は寧ろ反対の考えを持って居ると言って居る。

そもそも人は自分の趣味に適い、自分の身に合った衣服を求めて、自己の私有とするものであるが、衣服が肉体の着物であるが如く書物は精神の着物であるとも言える。今仮りに市有共同衣服庫を都市の中央部に設置し申し込に依って市民に貸与することにしたならば、個人が衣服を作ることは無くなるであろうかというに、市民の大部分は決してこれに満足するものでは無い。いやしくも自己の衣服を作るだけの資力あるものは必ず自己専用のものを作らなければ承知しないであろう。身体を蔽う衣服でさえ、なおかつ然りである。況や身体よりも更に本質的であり自己人格の中心を成す所の精神の重要なる糧であり、常侍の伴侶であり、且その飾であるべき図書に至っては、自己の趣味に適ったものを手近な所に集めて以って自己専用の書斎を作ろうとするのは蓋し人性の自然である。読書趣味のないものは無論図書を集めようとしないけれども、一度読書趣味が喚起されて来れば自然に書物を集めるようになる。然るに書物はその数極めて多く、同一事項に関した著書にも幾通りもあって、その内のいずれが需むる者に最も好く適して居るかは容易に解らない。書物の絶対的価値の判定は或る程度までは客観的に定めることができようけれども、個人にはそれぞれ趣味の相異があり、既有の知識に広狭深浅の別があり、またその当時の研究事項の如何によりて需むる所を異にする等各種の事情が存在するのであるから、或る書物の或る個人に対する価値は相対的のものである。されば個人が永久常侍の伴侶として書物を求めようとするに当たっては予めその内容を知る必要があり、趣味の上からはその装釘の如きもまた決して不問に附すべきものではない。これらは出版書肆《しょし》の広告や、新聞雑誌の批評紹介や、売捌所の店頭などで或る程度までは知ることができるけれども、それのみでは未だ十分でない。この場合に最も好都合なのは公共図書館である。図書館の蔵書に就いて多くの類似の書物を比較対照し、真に自己の趣味に適するものを見出したときには、これを自己の専有にしたいという欲望は必ず起きて来るのである。斯くの如くにして選ばれた書物は永久その持主の伴侶として書斎にその位置を有つべく、斯くして作られた書斎はその主人公の趣味の反映であり、その人格の顕現であるのである。されば公共図書館の発達は個人の図書購買力を減ずるものではなく、却ってその任務とする所の読書趣味の普及は公衆の図書購買欲を催進するものである。斯くして図書館は一面書肆に対しては広告機関となり、他面公衆に対しては各個人の家庭文庫完成の手引となるのである。

〔参考〕イ H. M. Ellison, Library work for children (The librarians, Dec. 1915)

第二節　教育施設の地方的中心

「学校の卒業は決して教育の完成ではない。学校の教育は、いわば基礎を定めたに過ぎない、この基礎の上に立派な建物が築造されるか否かは一に諸子今後の努力如何によるのである。諸子は今日の卒業を以って満足せず、更に奮励して修養に力め功を他日の大成に期するように心掛けぬばならぬ」とは小学といわず中学といわず、はた専門学校といわず、いずれの学校に於いても卒業生に与えられる訓辞の中に一様に含まれている言葉である。この意味の言葉がなければ卒業式の訓辞といわれないかの感がある位である。これに対する卒業生の答辞に於いてもまたこの訓辞に副うように努力するであろうということが殆んど紋切型に述べられる。この訓辞なり答辞なり、それ自身に於いては誠に立派なもので何ら他の批評を容るべきものではないようであるが、しかしながらこの立派な訓辞なり誓言なりが果たしてどれだけの実効を現わしたであろうか。更に高等の学校に入学して研学を続ける少数の者を除くの外、卒業生の大部分の内で、上述の訓辞に副うものが果たして幾人あるであろうか。言徒らに美にして実行これに伴わずということであるならば、その原因はいずれにあるであろうか。教育者の望むところが過大であるか、卒業生の意気が銷沈して居るのか、また社会に罪があるのであろうか。これは教育問題としても社会問題としても大いに考究を要すべきことであろうと思う。私が陰かに想うに範囲を我が国に限り時代を今日までに画していうならば、右の訓辞の中には一つの矛盾が存して居った。社会に相当の設備と便宜とがあって、その上で彼の訓辞が与えられるならばそれは尤至極のことで、それでも尚修養を怠るものがあるならば、それはその人に罪があるといわねばならぬ。しかしながら今日までの我国ではこの設備と便宜とが欠けて居った。普通教育を終わった者の多くが精神的修養を忽せにしたのも已むを得なかったのである。近来この欠陥に気がつき、通俗教育とか社会教育とかの呼び声が高くなり、殊に近年に至って青年団改良に関する文部内務連合のいわゆる二省訓令が発布された。これは誠に当を得たもので、これが実施の方法は多々あるであろうが、私の見るところでは、図書館を普及させ且その活用を大にして青年の知識欲を刺激し、読書趣味を喚起し、徐ろに導いて組織的研究をなさしめるように指導して行くのも慥にその一良策であろうと思う。風儀頽廃その極に達し殆んど手の着けようもないようになったのを慨いて、部内の床屋に小さな文庫を備え附けてから幾月を出でずして青年の趣味一変し、全村の風儀たちまちにして改善されたというようなことは既に雑誌などによって度々報告された事実である。次にその一例を引用して見よう。

床屋文庫の創設およびその良果

久留島武彦

（前略）昨日、岩代信夫郡瀬上《せのうえ》町に開かれ、同地に講演致候節認め申候、事実如何にも通俗教育施設上簡易至極にて其の効果著しきもの有之《これあり》候まま不取敢《とりあえず》御報申上候。

同町は戸数四百三十余戸、内納税者三百七八十戸の小部落なるが遊廓は七戸、娼妓六十、一ケ年の収入として警察に届出の金額三万五千余円と申候えば事実の収入はこの数倍あるべく、従って農村青年の風儀面白からず、床屋などの雑談にも自然遊廓談多きを、かねがね歎き居たる同町々長門間勘左衛門氏種々熟考の末、これは床屋に興味ある好読物にても備えつけたらば、或いは多少読み物の趣味を養うと共に悪場所の話など自然に遠慮するようにもならんかと、町内の床屋四軒の主人を招き語るに右の旨を以ってし、もし当方にして何か文庫様の物を作りこれに本を容れて出すならば店の隅にても置呉るるや如何と語りたる処、至極面白き考案なりとの賛成を得たるより、早速門間氏は自費にて高き一尺一寸奥行八寸の弁当箱式の小文庫に表は玻璃の扉をつけたる物を四個作りてこれをまず試みに各理髪店に配付したり。

尚この文庫には小冊子二冊をつけ一は書籍目録とし、他を読みたるものの感想または希望つけ込み帳となし、一昨年十一月より始め一文庫には八冊ないし十冊を入れ、一月または二月に二回位ずつにて容れ替え試みたるところ、意外の好結果にて追々床屋の雑談は新書籍の競読となり話材まで従って変わり行き、中にも一軒の床屋の如き始末におえざりし下剃りの小僧が深く読書趣味をおぼえ、今日にては文学を談ずると云う有様になり、門間氏いよいよはげみが出て精々新刊書を買入れて廻付すると云う有様となり、氏の言によれば「おかげにて自分までが今日は読書の一層深き趣味を覚え、急いで読んで急いで皆にも廻さねばならぬと思う一心は、広く各種の新智識にも接するようになり、一挙両得となれり」と喜び居り、氏が自分一ケ年費すところ僅に二三十円にて事実非常に多大なる好教育を施し居り候（下略）

（「帝国教育」大正二年六月号）

英米に於いては公共図書館が教育施設の地方的中心となって諸般の事業を営み、地方文化の発達に大なる貢献をなして居ることは第二、三編に於いて述べた所であり、最近露国に於いては露酒《ヴォドカ》の代償物として通俗図書館が最も有効であるといわれて居る。即ち欧米に於いては今や図書館は地方教育施設の中心機関として重きをなして居るのである。我が国の如きも近年大分図書館の数が増加し、先年御大典奉祝記念として新たに設置されたものだけでも文部省最近の調査によれば千三百七件に上って居る。世人が図書館の価値を認むるに至ったのは誠に喜ぶべきことであるが、翻ってそれらの図書館が如何に経営されて居るか、そこで如何なる事業が為されつつあるかを顧みると極めて未発達の状態にあることを認めざるを得ない。組織的研究の指導などは言うも更なり、講演会の如きも南葵文庫に於けるが如き特別の場合を除くの外一般には殆んど行われて居ない。山口県立図書館では大正五年二月以来毎月一回公開講演を開くことになったらしいが、これらは図書館事業の一進歩として大いに歓迎すべきものである。その他学校との協同の如きは全然手が着けられて居ないというてもよい。山口県や東京市では巡廻文庫や互館貸借等の手段で学校図書館と連絡が結ばれて居るけれども、未だ米国等に見るが如き真の協同は行われて居ない。真に学校と協同するには図書館員と教師との間に相互の領会が出来、互いに同情しあうという風に成らなければならず、それが為めには図書館員の方で学校教育の事情に通ずる必要があり、教師の方でも図書館事項に関する相当の知識を要するのであるから、差し当たり師範学校の教科中に図書館学科を加えて貰わねばならず、初等中等の各学校に於いて図書館利用法の講義が行われなければならぬ。学校生徒に図書館利用法を教うるのは畢竟公共図書館の活用を盛んにすることになる。故キャンフィールド博士は夙にこの必要を認めて「図書館利用法の教授は語学および歴史の教材と同様課程の重要なる一部分たらねばならぬ。その講義は生徒の生涯の上に大なる影響を与うるものである。学校卒業後知的活動を継続し進歩発展を可能ならしむるは学校よりも寧図書館である」と言った。学校側の反省を促すと同時に図書館員諸氏の奮起を絶叫しなければならぬ。著者は少し前から宮城県立図書館長野尻法学士の賛助を得、同館員諸氏の尽力に依って、著者の関係して居る青葉女学院に文庫を設け、生徒一人に約一冊の割合で同館の蔵書を借受け、毎月一回取替えることにして居るが、教師からいうと講義に関係ある参考書を比較的多く提供することが出来るので尠からざる便宜を得るし、生徒からいえば絶えず新しい図書に接するのでいつとなく書物に対する趣味が出て来るらしい。特に注意すべきことはこの事業を始めるまでは図書館の如何なるものであるかさえ知らず、憶劫なものと考えて入って見ようともしなかった生徒が、宿題でも出て参考書の必要に迫られた時には自ら県立図書館に行って書物を検索し、その用を足すようになったことである。

我が国に於いても地方大小の各都市には官公私立の学校あり、官庁があって、学問に於いてまた技術に於いて十分の指導を仰ぐことのできる便宜を大抵は有って居るのであるから、地方人士が奮起して、画策経営宜しきを得たならば、さして大なる費用を要せずして、しかも良好なる効果を挙げ得ることと思う。この点に於いて当局者の一考を煩わすと同時に、地方人士もまた適当の方法を以って賛助を与えられ、地方教育の振興やがては地方隆興の実を挙げんことを切望して已まない。

米国図書館の盛況　上来図書館事業の実例を主として英米殊に米国に取った。これは洵に已むを得ないので現今図書館事業の善く発達して居るのは英米両国であって、中にも米国は数等先んじて居る。一九一五年出版米国教育局報文に拠れば、一九一三年度に於ける、

蔵書五千冊以上を有する公共図書館は千八百四十四館で、その分館が千六百五十二館、総冊数五千〇〇三万千三百八十二冊に上って居る。この外に

蔵書五千冊以上の学校図書館一千〇〇五館、その分館七百五十四、総冊数二千五百〇八万千五百五十三冊を有し、これを管理の上から見ると大学および専門学校が五百〇九館、中小学校が四百八十五館、その他組合が十一館、更にこれを大さから言うと五十万冊以上が五館、三十万冊以上五十万未満が四館、十万以上三十万未満が

二十五館、五万以上十万未満が五十七館、五万未満が九百〇四館、而してこの外に五千未満一千以上が三千二百六十五館ある。次に二十五年以前からの発達を見ると、

年度	五千冊以上の図書館
一八九一	一、一七四
一八九六	一、二九九
一九〇〇	一、七二九
一九〇三	二、〇二八
一九〇八	二、二九八
一九一三	二、八四九

の勢で進んで居る。

最後に児童図書館を見ると、五十一大図書館だけに就いて調べた所に拠ればその蔵書通計九百万冊で、児童専用図書百十四万七千冊、一年間の増加二十八万冊、児童用家庭帯出数一ケ年千百万件、児童専用室二百三十一室、一部使用百八十室、席数一万六千人分、児童部長四十二人、児童係司書書記五百人に上って居る。而してこの外に本調査に与らないのが沢山あるのであるから、その全数は非常なものであろう。

〔参考〕U. S. Bureau of Education Bulletin, 1915, No. 25.
Bostwick, The making of an Americans library, 1915.

図書館の発達と富豪 斯くの如きは一般人民が図書館の真価を了解し、これに出資することを喜ぶ風が出来たからではあるが、こうなるまでには図書館員の非常な努力を要したのであり、殊に率先鉅額の私財を投じて斯業

の発達を促した富豪に負う所が多い。カーネギー翁の如き一九一〇年度に醵出した金額は

公共図書館	
北米合衆国	九三六、三〇〇ドル
カナダ	一二九、四〇〇
英国	二七七、八四〇
南アフリカ	四、五〇〇
計	一、三四七、五六五
大学図書館	一五、〇〇〇
合計	一、三六二、五六五

に上って居り、これをその前年度に比較すると

一九〇九年度	一、八七六、二五〇
一九一〇年度	一、三六二、五六五

で、更に初回以来のを通算すると、一九一〇（明治四三）年十二月末日までに

公共図書館	二〇六二館	五一、一五九、九六五ドル
大学図書館	一一五館	三、六七五、七五三
計	二一七七館	五四、八三五、七一八

に上って居り、その後も年々継続して居るので一九一六（大正五）年末に於ける累計は実に六千五百六万九千六百八十四ドル余に達し、これを日本の金に換算すると約一億三千万円の鉅額《きょがく》に達して居る。

斯くの如く富豪の醵金が沢山あるので、各地の既設図書館がその内容を充実して行くは勿論のこと、新設の場合にもこれを基礎として、足らない分だけをその市の負担とするときは事業が容易く捗《はかど》るのである。最近完成を告げたジョージア州サヴァナー公共図書館に就いてその一例を示すと、

敷地	一五、一九二《ドル》・五三
地均し	七二八・三一
建物	七一、一〇八・六八
書架その他の設備	五、二〇九・七五
点灯並煽風機取附	二、五五七・五〇
器具	四、一九五・一五
技師報酬	四、九八四・二六
雑費	六五・六〇
……	
計	一〇四、〇四一・七八
カーネギー醵金	七五、〇〇〇・〇〇
市の負担	二九、〇四一・七八

即ち総経費十万四千〇四十一ドル余の約四分の三はカーネギー醵金で、四分の一強だけが当市の負担となって居るのである。

我が国に於いても日本図書館協会総裁侯爵徳川頼倫閣下の南葵文庫を初め、大阪の住友吉左衛門氏、宮城県の

斎藤善右衛門氏、近くは新潟県長岡市の野本恭八郎氏の如き、多額の私財を図書館の為めに醸出されて居るし、貴族院議員荒井泰治氏の如きは東北帝国大学図書購入の為に数万円を寄附されて、私財善用の好模範を天下に示された。この気風がますます拡がって多くの富豪が競うて図書館に投資し斯界の発達を促されんことを切望する。

第三節　図書館の教育力

図書館の効果に就いては上来所々に述べたのであるが、ここに図書館が教育機関としてどれだけのことを為し得るかを一考して見たいと思う。

知育と図書館　図書館が知育機関として価値あることは夙に認められた所である。そもそも吾人の現に有する所の文化が如何にして発達して来たかというと、それが書物に負う所の極めて大なることは何人も否定することができない。総ての時代の精神は書籍の中にあるとカーライルは言った。現代の社会の有する精神的財産の全額を整頓し、更に一段の発展を加え、これを後代に伝えるのは教育の任務とする所であって、この共同財産の登載された文籍を蒐集して利用上の便宜を図り、且これが保存を司るのが図書館であるとすれば、その教育的効果の著大なるべきは識者を待って然る後に知るべきことではない。

情育と図書館　知育機関として効果の著大なる図書館は即ち知的情操を養うものである。前に読書趣味と称したものは畢竟この知的情操に外ならぬ。新知識の獲得に伴う快感は高尚なもので、その素質は何人にも遍く存して居るのであるが、それが適当な境遇の下に発展を完うするか否かに依ってこれを享楽し得るものと然らざるものとの別を生ずるのである。そもそも新知識なるものは凡て統覚作用に依って得られるのであって、この統覚の基礎となるものは既有の観念である。児童心理学者の研究に拠ると知覚が正確になり記憶が確実となって観念界のやや豊富に成り且整頓されて来た十二、三歳頃からして統覚作用が能く行われるように成り、読書力が著しく増大するということであるから、この機会を逸せず適当に導いて行ったならば知的情操の養成は労少なくして、しかも多くの効果を得られることと思う。「書《ふみ》よめばやまと唐土むかし今万ずのことを知るぞ嬉しき」。面白いから読む、多く読んで理解力が増大するからますます面白くなる。されば学校に於ける教科の修得に好影響を及ぼすだけではなく、更に学校卒業後に於いて学校で学び得た所のものを補充し活用する上に役立つものである。知能の増進は個人発展の最大要素であって、個人の発展はやがて社会の発達と成る。これはまた啻に実用上の効果があるだけではなく精神的慰安の源泉となるものである。社会の進化は競争劇甚の度を加え、競争の劇甚はややもすればこの世の生活を苦痛と観ぜしめるものであるが、知的情操の養われて居るものは超然として世外に安楽郷を見出し得る。書物は青年の糧、老年の楽、富貴の飾、悲境の慰藉、家居の楽、旅行の伴、夜の侍者といったシセロの語は既に人の熟知せる所。「書読まで何につれづれ慰まん春雨の頃秋の長き夜」は人口に嗜炙する所。而して精神的慰安は社会の調和に欠くべからざる要素であるから、知的情操は二つの方面から社会に関係を有って居る。

美的情操もまた図書館で養われる。いわゆる人工美の中でも詩歌、戯曲、小説等から得来る所のものは今更言うを要せず、音楽の如き特に奏楽室の設けなき限り実演はできないが、音譜や音楽書を集めて音楽趣味の普及発達を助けることはできるので、米国の図書館、即ち議院図書館を初めとしボストン、ニューヨーク、シカゴ、ロサンゼルスその他相当の図書館には大抵音楽部を特設して居る。図書館雑誌の如き一九一五（大正四）年八月に特別号として音楽号《ミュージックナンバー》を発行した程である。造形美術の中では絵画の如き所蔵の図画の貸出し、壁間の装飾、その他臨時の陳列等に依って大いに美感を養うべく、児童部の絵本なども著しき効果があるであろう。廊下その他各所に配置された彫刻、博物部の蔵品、建物の輪奐等いずれも美情の涵養に与《あずか》って力あるであろう。周囲の植樹、庭園の布置、これらを通じて自然美を愛好する念慮が喚起されるであろうし、幻灯並びに活動写真利用の講演会でも開けば各地の風景を映写して身その境にあるが如き感を起こさせるであろう。而して美的情操の養成が個人の精神的慰安、やがては社会の緩和剤としてすこぶる教育的価値に富めることは贅言を待たぬ所である。

道徳的情操もまた一般修養に関する書物や、伝記や、歴史や、文芸上の作品などを読む間に自ら涵養されて来るが、尚これに就いては次項以下に説く所と関係して考えれば一層明瞭になる。

訓育と図書館　訓育上必要なのは実行の習慣を養うことである。自ら望む所の図書を自ら借出して調べるので実行の習慣が養われ、疑問の生じた時に自ら参考書を利用して解決しようと努むる所から自頼の念が高められる。館則を遵守する所から規律の観念生じ、図書並びに目録の整頓されて居ることを目撃し、また自己の利用したるものを原位置に復する必要から秩序の精神が養われ、他人の妨害となるべきことを慎まねばならぬ所から公徳心が現われて来る。特に開架図書館は公共の共有物に関する観念を与え、正義の徳を養う上に大なる効果がある。図書の内容即ち偉人傑士の自伝や言行録や歴史文学等の記事を読んで得来る所の感化などに至っては、ここに詳論するを要せぬであろう。図書館で養われた自学自修の精神は、蓋し教育的価値の至って大なるものであろうと思う。

公民教育と図書館　所在地を中心として郷土関係の文籍を蒐集保存し、目録で適当に手引して当該地方人士としての自覚を起こさせ、延いて国民生活の意義を覚るように導くことも図書館の為し得る所である。米国では図書館で催す講演会に於いてアメリカ思想の鼓吹に努め、各地方から集まった帰化人を米国化する上に善良な効果を収めつつある。また米国人が児童図書館に多くの資金を投じて居るのは、適当な時期に読書の習慣を養うて置くというのが主意であるけれども、これと同時に原国語を使うて居る家庭の児童が小学校で英語（米国語）を教えられ、僅かにこれを領会するようになっても家庭でこれを冷されるようでは面白くないから出来るだけ英語に馴れさせたい、それが為には児童の読書力に適応した英語の書物を供給するに如くはないという考えも加わって居るのである。我が膨脹的日本の新領土教育に於いてその奏効の迅速確実を望むならば図書館の普及を図ることが一つの急務ではあるまいか。

職業選択と図書館　職業準備教育と補習教育との結合は現時教育界の重要問題であるが、米国では更にこれを図書館事業と結合させた。善く組織された図書館では自由検索が許されるから思いのままに拾読して行く内に自己の才能がどれに最も善く適して居るかを知ることが出来る。検索の案内としては各種各様の目録や、索引があり、更に他の諸館の目録や書肆の広告用目録を併せた合成目録があり、各種雑誌内容の分類索引があり、内容を簡明に紹介した解題書があるが、尚それで間に合わない時には館内各所に配置してある参考係に尋ねると親切に指導される。各種の質疑に対する解答は次第に聚積して、これが整理されると諸般の項目に関する検索目録が自然に成り、次の質問に対する解答の手引となって迅速且精確に応答される。更に進んでは各種職業に関する部門分け集書があり、専任係員ありて、登録者の指導をする。街路に向える窓際には目を惹き易き書物を陳列して道行く人の好奇心に訴え、館内の告知板には時折りの新着雑誌の名を掲げて、書物へ人を導く。或いは土地の日刊新聞に広告したり、特殊目録を市民に送附し、或いは講演会を開き、幻灯や活動写真を利用して自然に足を図書館に向けさせ、寛大な貸出法で執務中の僅少な余暇をも利用して図書に親ませる。職業準備教育に重きを置くゲーリー学校組織に於いて公共図書館の活用を重要視して居るのも注意すべきである。米国人はこれを以って自国独特の補習教育制度だといって自負して居る。補習学校の普及発達大いに望ましいことではあるが、地方教育費には制限があって十分な施設のできないこともあろうし、従業上の関係から組教授に出席されないものも尠くはなかろう。この場合に当たり、比較的僅少の経費を以って、しかもより多くの人々に便益を与うるのは図書館――善く管理された図書館であろう。

第十六章　図書館の将来

第一節　能率増進と図書館

フィラデルフィアのミッドヴェール鋼鉄工場のＦ・Ｗ・テーラーが二十六年間の慎重な考慮と実験と観察との結果に成った科学的管理法を公にして以来、能率増進の声は社会のあらゆる方面に響き渡った。ガーバー博士は一九一二年出版に係る「現代の教育的運動」の中に於いてこの立脚地から学校の管理法を論じて居る。私はこれをやや広い意味に取り図書館の事業に就いて考えて見たいと思う。

一　目録編纂法の根本的革新

我が国の図書館員がかなりに骨を折って居るにも拘らず、事業の成積が十分に挙がらず、その労作に対する相当の承認を得ることのできないのは種々の原因もあろうけれども、目録編纂法の不備が確かにその原因の一を為して居ると思う。従来一般に行われた方法に依ると、まず和漢書と洋書とに区別して取り扱いを別にする。目録を作るに当たっては洋書は西洋で行われて居る方式に従って著者名を標目《ヘッディング》にするを本則とし、漢書は昔の書目に倣って書名を基本にする。書物の大さを表わすにも洋書の方は八折《オクターヴォ》とか四折《クオート》とかいう風に西洋流にするが、和書は西洋風に印刷され装釘されたいわゆる洋装本でも和漢装のと同様に大中小で呼ぼうとする。こうして我が館員は二重の規則に苦しめられる。しかのみならず書物には一書の中に和語洋語交雑したものも少なくはないのであるから、そのいずれに属せしむべきかに迷い、またローマ字で書かれた日本語の書物を洋書に入れなければならぬかと惑うたりする。（日本のろーま字社出版の書物が洋書として取り扱ってあるのをしばしば見るが、これらは取扱者が言語学の立場から見ることを忘れたのに基づく誤謬である。）カードに記入するには左から横書きにするのが普通であるが、印刷目録を作るに当たっては和漢書の方は縦書きにし、洋書のみ横書きにする。図書館では事務上の便利から言っても、閲覧者の検索に便ずる上から言っても、カード目録を幾通りも要するのであるが、これを一々書写して居っては容易の業でない。横書に印刷されたものがあればこれを一件毎に切断して白カードに貼附するとたちまちにして印刷牌子目録《プリンテッドカードカタローグ》が出来上り、しかもそれが鮮明で至って便利であるが、縦書に印刷したものは間に合わすことができない。それで事務を簡便にして仕事の能率を増し、閲覧者にも便利を与えて図書館利用の実を挙げんとするには、是非とも、目録を横に印刷するようにしなければならぬ。吾々の眼は上下よりも左右に運動する方が疲労の少ないことは実験心理学の証明する所であるから、横書に印刷されたものは縦書のものよりも楽に読める。即ち横書の主張は心理学的基礎を有するのである。和漢書を縦書にしようとするから、洋書の取り扱いを別にするようになり、それが為に前述の如き規則の煩雑となり、つまらぬことに頭を悩ますようにもなるのであるが、一度び横書を実行することに決すればそれらの問題はたちまちにして解決がつく。昔はともあれ今は文化の衰頽して居る支那人の行方《やりかた》を何時までも固執しなければならぬということは無いのであるから、欧米一般に通用する方式に従って著者名を標目《みだし》にする、洋装のものは洋書と同様の方法で大小を表わす。そうすれば原書と訳書とが全然異った所に配置されるような不合理な点は一掃され、両者相隣接して彼此対照の便利を増し、一原書が幾箇国語に訳されて居るかというようなことも一目して判るようになって、図書館の効用を倍加する。現今出版される書物は、古典の復刻を除く外は、大抵は西洋文化の影響を受けて居るのであるから、これを漢書に伍せしめるよりは洋書をこれと一つに扱うが当を得たものといわねばならぬ。学術に国境なしと口には唱えながら、文籍の上に厳然として東西の差別を立てて置くのは甚だ怪訝に堪えぬ所である。東西文化の融合は教育の理想である。「広く知識を世界に求め」んと仰せられた御誓文の趣旨に基づいて明治以後の教育は勃興したのではないか。図書館は教育機関なりと口には唱えながら、文籍の上に障壁を設けてその融会渾一を妨げるのは自家撞着で無うて何であろう。慶応義塾図書館が和漢書の排列をエー、ビー、シー順にし、宮城県立図書館が最近増加月報を横書に印刷して居るのはこの方面の先駆として大いに推奨すべきである。私は更に一歩を進めて和洋の区別を撤廃したいのである。（古典学者から来るべき反対説の弁疏は次項に述べる）

二　ローマ字と図書館

仕事の能率を増すには文明の利器を使用することを怠ってはならぬ。タイプライターで書いたカードは鮮明で揃うて且速い。嘗てベルリンの図書館で試験して見たことがあるが印字機《タイプライター》を使用する方が手写よりも遥に優って居ることが証明された。一台の印字機があれば英独伊仏等の国語は自由に謄写される。露語や梵語《サンスクリット》には通じかねるが、これらはローマ字に翻字《トランスリテレート》するのが普通であるから差し支えない。然るに日本語はローマ字を拒否して居る間はこの利器を適用することを許さぬ。近頃邦文書字機が発明され、各種の官庁商会等に使用されて居るが、ローマ字印字機に比べると非常な遜色がある。官庁や商会の往復文書は大抵常用文字の範囲が限られて居るから、最も頻繁に用うる文字なり成句なりを予め好適な場所に配置して置けば相当の速さでこの機を利用することができるが、図書館の如き広き範囲に亘る種々様々な文字を随時使用しなければならぬ所ではこの機に依って得る所極めて少ない。予備部の活字をピンセットで抓み出して盤上に上げ、然る後にこれを印字するなどは不便極まるものといわねばならぬ。尤も漢字が一般に使用されて居る現代に於いては已むを得ないことで、一千有余の文字をとも角も一台の機械で印書し得るまでに成功したのは称讃に値するものであり、現時の我が文書界を益すること尠くはあるまいが、しかしながら我々はこれを以って満足することは出来ない。由来近世触鍵印字機《モーダンタッチタイプライター》の長所は、断えず眼を原稿の上に注ぎ鍵盤の運動は全たく指先のみに委して置いて、しかも誤綴をなさざること、あたかも音楽家が始終楽譜を注視しながら指先きにて洋琴や風琴を巧みに弾奏するが如き点に存する。然るに現行邦文書字機はこれを許さない。今後改良が加えられるにしてもこの難点を除くことは到底出来ないであろう。この機を邦文の書写に遺憾なく利用するにはローマ字を国字に採用しなければならぬ。ここでは深くローマ字論に立入ることを避けるが、唯ローマ字の採用は決して国家的精神を傷けるもので無いことを一言して置きたい。国語は飽までも尊重すべきものであるが、これを形に現わすべき符号たる文字に至っては便利なものを採用すればよい。国語は本で、文字は末である。これは言語学書の一冊も読めば誰にも判ることである。新来の文字の採用決して国語を危くするものでは無うて、その発達を助長するものであることは、我が国古代に於ける漢字渡来の事蹟に依って明らかである。漢字を組み合わせて優雅な国文和歌が記され、それが国語国文の典拠として国学者間に尊重されて居るではないか。

御民吾生有験存天地之栄時爾相楽念者《みたみわれいけるしるしありあめつちのさかゆるときにあへらくおもへば》

丈夫者名乎之立倍之後代爾聞継人毛可多里都具我禰《ますらをはなをしたつべしのちのよにきゝつぐひともかたりつぐがね》

百礒城之大宮人者暇有也梅乎挿頭而此間集有《もゝしきのおほみやびとはいとまあれやうめをかざしてこゝにつどへる》

を読んで誰か国体と乖離するものと認めようか。更に新しい例を取って見よう。（漱石）先生の作物に至っては変な字を使った例がざらにある。例えば秋刀魚を三馬、パケツを馬穴、インキを印気、凶事、を兇事、畢竟を必竟、鑑定を勘定、てこずるを挺子摺ると書くようなのは殆んど枚挙に遑あらずと云っても可い。それであの通りの漢学者だから驚く。つまり先生は文章を書く際まず言葉が発音として頭へ泛んで来る、その発音に当たって篏める字は先生に取っては如何でも可いのである。だから振仮名は可也やかましい方であった。（新小説大正六年十二月号、思い出すままに）

即ち充字《あてじ》の通用するのは国語というものは発音が本でこれを写す文字は末であることを立証するものである。支那で転借の行われるのもこれが為である。吾等の感情の特質として旧いものを愛しむのは自然であるが、しかしながら利益の確実な場合には努めて新に就かねばなるまい。ローマ字が一般に採用されるようになれば前項の縦書横書などは最早問題とはならぬので、目録の体裁は自らにして統一されて来る。しかのみならず日本語で書かれたものが西洋人の眼に多く触れるようになり、随って外人間に於ける日本語の研究が盛んになり、我が国情が能く了解され、国際関係上良好な結果をもたらすであろう。しかしながらそれは一朝にして達せられることで無いから、次第に普及の道を講じなければならぬ。而して図書館はこれが普及に都合の好い位地にあるものと思う。今後の図書館は洋書和書の区別を撤廃し、目録も総て横書にし、和書はその標目《ヘッディング》即ち著者名だけをローマ字で書き洋書と体裁の統一を有ち、次に書名以下従来記入して居った事柄は漢字で横書きにするように成らなければならぬと思う。そうすれば前項に述べたような利益があり、またローマ字を拡めることにも効果がある。

こういう行方《やりかた》は必ずや古典学者から強烈な反対の出ることと思うが、私の考では明治維新以来の出版に係る普通の書物は洋書と同様に扱い、その以前のもので和装のものは漢書と共に一括して古典目録を別に編纂すること

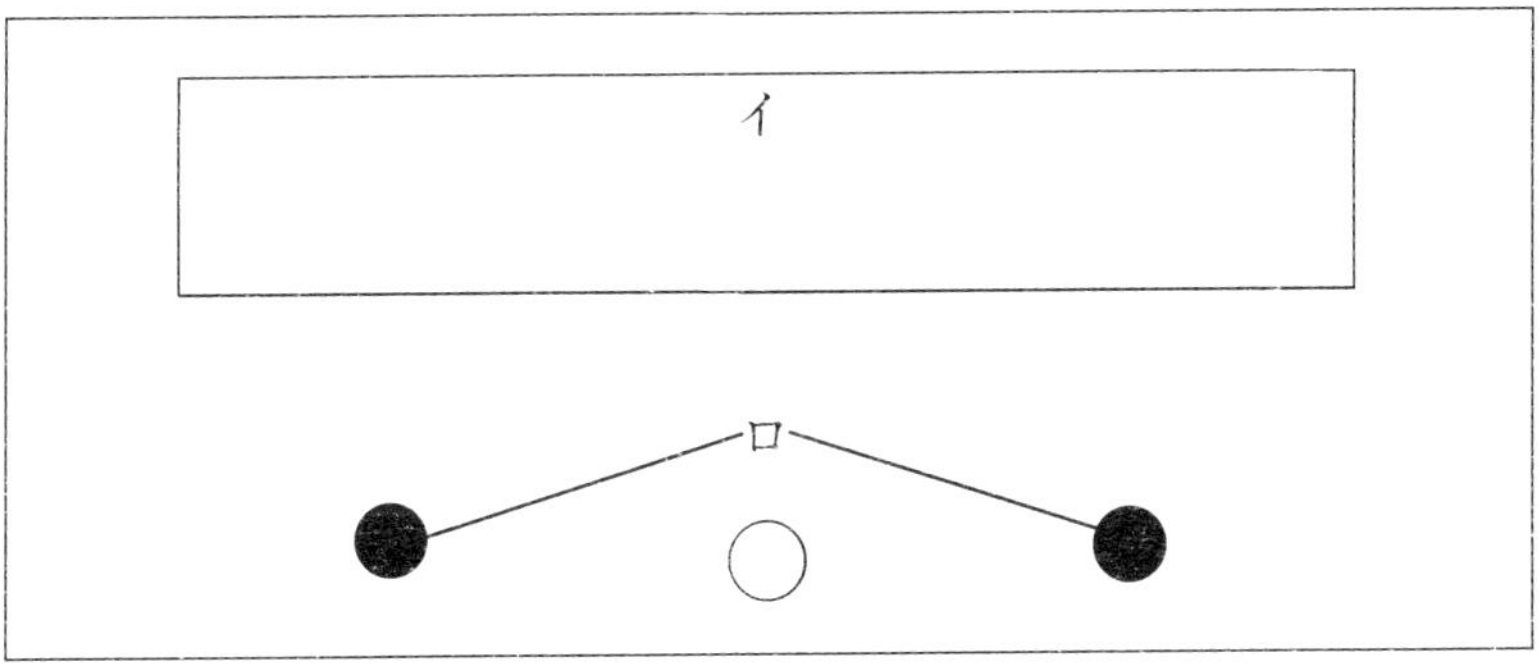

イは貼付したる印刷紙　ロは浮出し点

にしたら良かろうと思う。これは単なる理論上の事でなく、取扱上是非こうなくてはならぬのである。同じく日本語で書かれたものでも和装と洋装とは別にしなければならぬ。

印刷された紙片をカードに貼附するとその部位が膨出し、カードの下部との釣合が取れなくなるが、その場合には径一分五厘位の二小点を二寸ばかり隔てて左右に浮出させると都合が好い。私は先年大体の考案を立てて東京の黒沢商会に製作を托したが、出来上った浮出機械は極簡単なもので、しかも貼附せる紙の厚薄に随って調節が出来るから使用上便利である。

三　連合目録

図書館が普及して来ると多くの図書館で同じようなことをするようになる。この場合に予め連合して置て、例えばカードを取るにしても一つの館で基本カードを拵え複写機で複製して各館へ配布するようにすれば好都合であろう。米国の議院図書館では印刷カードを広く配布して居る。この点に就いては更に書肆との協同を得たい。

書肆と図書館　各図書館で同一書のカードを要するは素より、個人の書斎が充実して来ると、ここにもまた目録を作る必要が生じて来る。それ故出版書肆の方では各書の奥付に小さい紙片にカード記入事項を印刷して附けて置き、購求者がこれを切取って白カードに貼れば直ちにカード目録に利用されるようにして置いて欲しい。図書館は前章に述べた如く、個人の購書欲を喚起し一面発行書肆の広告機関とも見られるのであるから、書肆の方でも図書館に同情を有ち出来るだけ協力せんことを望む。

図書広告上図書館の有効なことが確かめられ、図書館と書肆との間に相互の領会が出来ると、これから面白い事業が現われて来る。発行書肆の方では発行都度内務省へ納本すると同時に各地方の主要な図書館で設備の整って居る所へは一部宛送附する。図書館では公衆の接近し易い所に新刊書架を設け、書肆から送って来たものをこれに排列し、相当の監視の下に自由に閲覧させる。但し図書館の方ではこれのみに頼らないで経費の許す限りは別に購入して蔵書となし、書肆から委託に係るものは館外貸出を絶対に禁止してこの書架に納められたものは何時でも何人にも見られるようにして置く。新刊書は常に図書館に陳列されてあるということが一般に知れ亘ると、新しいものを読もうと望むもの、書物を買おうとするものはまず図書館に行って調べて見るということになり、その中で気に入ったものを書肆に注文するということになる。書物の内容を知悉することが購書の決意に大なる影響を及ぼすことは前に詳論した所である。斯くの如くにして図書館の方では少し手数をかけるだけで図書購入費に大なる節約を加えて、しかも新刊書を豊富に集め、公衆に便利を与えて図書館の活用をますます増大することが出来、一方発行書肆の方では広告料を支払わずしてしかも広告の目的を達し多くの顧客を贏ち得ることに成る。一挙両得の策とは即ちこういうのを指すのである。斯くて約一年の後には委託されて居た書物をそれぞれの書肆へ還附するなり、発行書肆と予め協議の上割引して希望者に売渡すなり、適当の処置を取るようにする。更にこの協同が進んで行けば書肆の代理部として図書館で売捌を掌るとか、或いは地方在住の人へ取次をするとかいうようなことも為し得らるることで、相互に利益のあることであろうと思う。

第二節　図書館の発達と館員の養成

凡事業の拡張に随って修養ある従業員を要することが多くなり、適任者を得ると否とが事業の発達如何に大関係を有することは、如何なる方面の事業に於いても同じことで、図書館とてもまたその例に漏れるものではない。然るに我が国では図書館員養成のことが一向考えられて居ない。否全く注意されて居まいのではなく、図書館協会などでは図書館学校設立の必要を認めて居るのであるが、未だ社会の認むる所となって居ないのである。米国の図書館が今日の盛況を呈するに至ったのは館員の隠れたる、しかも非常に大なる努力に負う所の多いことは前にしばしば述べた所である。この外富豪が巨額の寄附をすること、一般公衆が図書館費の醵出《きょしゅつ》を吝まぬこと等も発達を促した大原因ではあるが、公衆をして図書館の真価を覚らしめたものはそもそも何であるかといえばそれは館員の努力に外ならぬ。価値の確実でない事業に安んじて投資するものは無いのであるから、醵出を希望する前に先以って図書館の効用を一般に周知させねばならず、それには修養あり、技量のある図書館員を要することになり、その養成は当面の急務となって来るのである。米国には図書館員養成を目的とする学校数十の多きに上り、その中カレッジの卒業生を入学させて約二年間図書館学の理論と実習とを授けるものだけでも十余校に上って居る。今その一例としてイリノイ大学の図書館学校を次に紹介しよう。

　イリノイ大学には図書館学校《ライブラリースクール》があり、将来図書館員として立たんとするもの、並びに他の諸分科の学生にして図書館学科を志望科目として選んだものに一定の教授をして居る。本科の修業年限は二年で初めの一年に於いては普通に行わるる方法の全般に亘りその理論と実習とを授けるので、その修業生は一通りの図書館員として働くに堪えるだけの技能を修得するのである。第二年級に於いては上級司書たるに適するように一層程度を進めて専門的修養を積ましめる。大図書館で詳細な目録を編纂するに役立つように書史学に重きを置き、また図書館活動の拡張並びに図書館と学校その他の社会教育機関との協同に特別の注意をする。

図書館学校入学資格は大学校《カレージ》卒業生にして得業士《バチエラー》の称号を有するもの、またはこれと同等以上の学力を有するものとし、成規の資格を有する上に図書館の実務に従事した経歴を有し相当の学力と熟練とを備えて居るものは検定の上で特に上級に入れることもある。前記の資格なきもので特に希望する者は選科生として入学せしめる。

学科の配当は次の通りで、

第一年級

第一学期	第二学期
参考事業	参考事業
図書選択法	図書選択法
実習	実習
注文、受入手続、函架排列法、	図書館史、書史学
分類および図書番号	貸出部事業
目録編纂法	印刷、製本、索引
図書館管理法および新刊図書館文籍	図書館拡張
	図書館管理法および新刊図書館文籍

第二年級

第一学期　　第二学期

事項解題
*高等参考事業
実習
公文書
演習
図書選択法
図書館管理法
書史学機関

事項解題
書物製作法
実習
*公文書
演習
図書選択法
高等分類学及目録編纂法
図書館管理法
*図書館各部局事務実習

＊の附いて居る科目は随意科であるが、その他は凡て正科で、本科生は定期に試験を受けねばならぬ。この外約一週間に亘り教師引率の下にシカゴまたはセントルイスの図書館、製本屋、書肆、印刷所等を参観し、尚各種の図書館の経験を得る為に各生徒は一ケ月間指定された公共図書館に赴き、同館員と同様に実務に携わるべきことになって居る。斯くして二ケ年の全科を履修し成規の試験を通過したものには図書館学得業士《バチエラーオブライブラリーサイエンス》の称号を授けられる。一九一四年度の卒業生で同称号を授けられたものは五人である。（Annual register of the University of Illinois, 1914-1915）

ニューヨーク州立図書館学校も大体同様の程度で、更にその上に上級があり、その卒業生には図書館学士《マスターオブライブラリーサイエンス》の学位が授けられる。一九一四年度に於いて同学位を得たものが一人、図書館学得業士《バチエラーオブライブラリーサイエンス》の称号を受けたものが七人ある。(State of New York, Annual report of the Education Department, 1914)

こうして養成されたものが各地方の公共並びに学校図書館の司書として任用されるのであるから、それらの館員が相当の待遇を受けて居るのは当然であり、発展の途が開けて居るから熱心な研究家も出で、事業はますます発達するのである。我が国に於いても図書館勃興の機運に向かって来た今日、従業員の養成は最も必要なことである。帝国図書館とか大学図書館に図書館学校を附設し、相当の学力あるものを入れて組織的訓練を施すようにし、その卒業生に一定の資格を与えて各地の図書館へ配属するようにしたいものである。

第三節　図書館学の範囲並びに可能

米国の図書館学校ではその卒業生に図書館学《ライブラリーサイエンス》の学士《マスター》または得業士《バチエラー》の称号を授与して居るが、この図書館学 Library science というものは未だ一般学術界の承認を得たものではない。大英百科辞書は固より米国出版で新しきを以って誇って居るファンクのスタンダード辞書の如き未だ Library science の語を載せて居ない。英米で公刊された図書館に関する書物は必ずしも少なくはないけれども未だ図書館学と題名を附したものは見当らない。然るに図書館の発達に於いては第二位にあるドイツに於いて図書館学《ビブリオテークウイッセンシャフト》 Bibliothekwissenschaft の語の用いられて居るのは寧奇異の感がないではない。マイヤーの百科辞書に拠ると図書館学は広義にこれを言えば図書館に関する理論並びに技術の知識の総和を系統的に秩序立てたものを意味するので、これは一 Bibliothekenkunde《ビブリオテーケンクンデ》 と二 Bibliothekenlehre《ビブリオテーケンレーレ》 との二部に分かれ、前者（一）は図書館史並びに図書館に関する統計的研究を為すもので、後者（二）は更に整理《アインリヒツング》（Einrichtung）と管理《ヘルワルツング》（Verwaltung）との二つに分かれ、整理の方では建築のこと、書庫内図書の排列方、目録編纂法等を研究し、管理の方では蔵書の保存、蒐集、利用並びに館員の統督方を研究するので、保存の内には製本のことも含まれ、蒐集は購入、寄贈、交換の三方法で行われる。而して図書館学の語は時々狭義に用いられるが、その場合には Bibliothekenlehre 即ち整理と管理との研究だけを指すのであると言って居る。英米で出版された図書館に関する書物も図書館管理法（Library administration）とか図書館経営法（Library economy）とかいう題名を与えられたのが多く、その取り扱って居る事項は前述（Bibliothekenlehre）と大体に範囲を同じうして居る。然るに図書館で教えて居る所を見るとずっと範囲が広く、図書館史は固より書史学等も重要な地位を占めて居る。

本書の冒頭に於いて図書館に関することも教育学の研究の中に取入れられなければならぬと論じて置いたが、それは図書館の教育的方面だけである。図書館が教育機関である以上、図書館の行うべきことは総てこの目的を達せんが為の必要上起こって来るので結局は教育と関係を有すること勿論であるが、しかも図書館には直接教育と関係を有する方面以外に多くの為すべきことを有って居るのであるから、その研究の全部を教育学に属せしむることは到底望むべからざる所である。然るに図書館は現時既に存在するものかなりの多数に上り、今後益々発展すべき徴候の顕著であり、社会はその発展を必要とする事実に鑑みると、その事業の全体に亙る事項を組織的に研究する一個の学問が無ければならぬことは多言を要しない。既に或る範囲の知識の総和を組織的に取り扱って居ればこれを呼ぶに学の語を以ってするも強ちに咎むべきではあるまい。勿論今俄に他の精密科学と同様の意味に於いて図書館学と称することは出来ないであろうけれども、その発展の初期に於いては単なる記載学であったものも漸次発展して遂に立派な科学として認めらるるに至ったものの他に幾らもその例のあることを思うと、図書館学の如きも図書館事業の興隆に伴い、材料が多く集まり、統計的の研究が十分に出来、熱心にして創見に富める研究家が現われて科学として恥ずかしからぬ体系を図書館学に与うる時もあろうと思われる。（終）

索引

かな

ア

イ

ウ

エ

オ

ス

セ

ソ

タ

[著者]：田中 敬（たなか・けい）

1880年、現在の兵庫県篠山市に生まれる。1908年東洋大学支那哲学科卒。東北帝国大学総長・澤柳政太郎のもと狩野文庫の整理に携わり、1911年から同大の図書館造りに尽力する。1916年に同大の司書となり、1923年には、同大の書記に任命。和漢書目録編纂規則の作成を委嘱される。1933年大阪帝国大学に赴任し、事務嘱託（図書館勤務）となった。1952年には近畿大学の図書館長に就任。戦後の司書講習の開始に伴い、京大をはじめ近畿各地の大学で図書館学を講じた。1956年に、東洋大学より文学博士学位授与。（1880－1958）

日本《にほん》近代《きんだい》図書館学叢書《としよかんがくそうしよ》　1

図《と》書《しよ》館《かん》教《きよう》育《いく》

平成28年12月22日初版第一刷発行
著　者：田中《たなか》 敬《けい》
発行者：中野 淳
発行所：株式会社 慧文社《けいぶんしや》
〒174-0063
東京都板橋区前野町4-49-3
〈TEL〉03-5392-6069
〈FAX〉03-5392-6078
E-mail:info@keibunsha.jp
http://www.keibunsha.jp/
印刷所：慧文社印刷部
製本所：東和製本株式会社
ISBN978-4-86330-174-0